MIX
Papier aus verantwortungsvollen Quellen
Paper from responsible sources
FSC® C105338
FSC
www.fsc.org

Philipp Heinrich Claudius Fischer

Billigflieger im Raum Europa

Eine strategische Analyse

Bachelor + Master
Publishing

Fischer, Philipp Heinrich Claudius: Billigflieger im Raum Europa. Eine strategische Analyse, Hamburg, Diplomica Verlag GmbH 2012
Originaltitel der Abschlussarbeit: Strategische Analyse der europäischen Low-Cost-Carrier

ISBN: 978-3-86341-342-2
Druck: Bachelor + Master Publishing, ein Imprint der Diplomica® Verlag GmbH, Hamburg, 2012
Zugl. Universität Passau, Passau, Deutschland, Bachelorarbeit, Dezember 2011

Bibliografische Information der Deutschen Nationalbibliothek:
Die Deutsche Nationalbibliothek verzeichnet diese Publikation in der Deutschen Nationalbibliografie; detaillierte bibliografische Daten sind im Internet über http://dnb.d-nb.de abrufbar.

Die digitale Ausgabe (eBook-Ausgabe) dieses Titels trägt die ISBN 978-3-86341-842-7 und kann über den Handel oder den Verlag bezogen werden.

Inhalt

Abkürzungsverzeichnis ..... **I**

Abbildungsverzeichnis ..... **II**

1 Problemstellung und Vorgehensweise **1**

2 Historische Entwicklung der Billigflugindustrie **2**

2.1 Definition LCC 2

2.2 Historie 2

3 Analyse des makroökonomischen Umfelds mit PEST **5**

3.1 Modellbeschreibung 5

3.2 Politische Faktoren 5

3.3 Ökonomische Faktoren 9

3.4 Sozio-kulturelle Faktoren 12

3.5 Technologische Faktoren 14

3.6 Ergebnis der PEST-Analyse 17

4 Marktanalyse mit Hilfe des Fünf-Kräfte-Modells nach Porter **18**

4.1 Modellbeschreibung 18

4.2 Bedrohung durch neue Konkurrenten 19

4.3 Bedrohung durch Ersatzprodukte 21

4.4 Verhandlungsmacht der Lieferanten 23

4.5 Verhandlungsmacht der Abnehmer 25

4.6 Rivalität unter bestehenden Unternehmen 26

4.7 Ergebnis der Marktanalyse 28

5 Geschäftsmodell der LCC und Abgrenzung zu NWA unter Einbeziehung empirischer Ergebnisse **30**

5.1 Datenerhebung und Definitionen 30

5.2 Gegenüberstellung der Geschäftsmodelle 30

5.2.1 Preisgestaltung und Kostenmanagement 31

5.2.2 Vertrieb 33

5.2.3 Flughäfen 34

5.2.4 Flugplanung 36

5.2.5 Flotte 39

5.2.6 Personal 39

5.2.7 Zusammenfassung der Kostenvorteile 41

6 Zusammenfassung und Ausblick 43

Literaturverzeichnis V

Webseitenverzeichnis VII

Verzeichnis der Datenerhebung XI

Abkürzungsverzeichnis

bspw.	beispielsweise
CAB	Civil Aeronautics Board
CEO	Chief Executive Officer
d.h.	das heißt
EU	Europäische Union
EuGH	Europäischer Gerichtshof
EUR	Euro
EZB	Europäische Zentralbank
ggf.	gegebenenfalls
i.d.R.	in der Regel
insb.	insbesondere
IT	Informationstechnik
LBA	Luftfahrt-Bundesamt
LCC	Low-Cost-Carrier
LuftVStG	Luftverkehrssteuergesetz
NWA	Network Airline
NWC	Network Carrier
PEST	Political, Economic, Social und Technological
SWOT	Strengths, Weaknesses, Opportunities und Threats
u.a.	unter anderem
USA	Vereinigte Staaten von Amerika (United States of America)
USD	US-Dollar
v.a.	vor allem

Abbildungsverzeichnis

Abbildung 1: Entwicklung der Passagierzahlen 7
Abbildung 2: Bevölkerungsentwicklung innerhalb Europas 13
Abbildung 3: Das Fünf-Kräfte-Modell nach M. E. Porter 18
Abbildung 4: Abhängigkeit des Luftverkehrs vom Wirtschaftswachstum 21
Abbildung 5: Kostenvorteile von Billigfliegern 33
Abbildung 6: Punkt-zu-Punkt-Verkehr im Vergleich zu Hub-and-Spokes-System 35
Abbildung 7: Angeflogene Flughäfen pro Airline 37
Abbildung 8: Angeflogene Regionen 38
Abbildung 9: Personalkostenvergleich zwischen LCC und NWC 40
Abbildung 10: Unterschiede der Arbeitsbedingungen zwischen LCC und NWC 40
Abbildung 11: Kostenvorteile der LCC gegenüber den NWC 42
Abbildung 12: Entwicklung der NWC und der LCC 45

1 Problemstellung und Vorgehensweise

Unter strategischer Analyse wird im Allgemeinen die Untersuchung von verschiedenen wirtschaftlichen Rahmenbedingungen verstanden, in denen Unternehmen einer Branche operieren, um anhand der Ergebnisse eine Strategie zu entwickeln oder zu überprüfen. Im vorliegenden Fall bezieht sich die strategische Analyse auf den europäischen Markt der Fluggesellschaften, insbesondere der Low-Cost-Carrier (im Folgenden LCC). Methoden, die im Rahmen dieser strategischen Analyse eingesetzt werden, sind PEST- und SWOT-Analysen sowie das Fünf-Kräfte-Modell nach Porter.[1]

Die folgende Darstellung wird nach einführender Beschreibung der Eigenschaften und der historischen Entwicklung der europäischen Billigflugindustrie die wirtschaftlichen Rahmenbedingungen am Markt mittels der PEST-Analyse darstellen, sowie den Wettbewerb mittels des Fünf-Kräfte-Modells von Porter beleuchten. Ferner werden die Geschäftsmodelle von LCC und Network Airlines (im Folgenden NWA) miteinander verglichen und abgegrenzt sowie anhand von erhobenen empirischen Daten unterstützend erklärt. Dabei werden 25 Low-Cost-Carrier unter verschiedenen Aspekten untersucht, um das Geschäftsmodell der LCC eindeutiger darzustellen und um abschließend kritische Überlegungen zur Strategie der LCC abzuleiten.

Schließlich werden die Ergebnisse der Analysen zusammengefasst und in einem Ausblick zur voraussichtlichen weiteren Entwicklung des Marktes der Billigflieger in Europa münden.

---

[1] Vgl. Hungenberg (2008), S. 89-109

2 Historische Entwicklung der Billigflugindustrie

2.1 Definition LCC

Das wichtigste Merkmal des Geschäftsmodells „Low-Cost-Carrier“ liegt in der Preisführerschaft, um Marktanteile zu gewinnen. Voraussetzung dafür ist die konsequente Reduzierung von Kosten: Alle möglichen Kostenquellen entlang der Wertschöpfungskette werden soweit wie möglich begrenzt. Dies bedeutet, dass jeder zusätzliche Service bzw. jede Dienstleistung, die über den eigentlichen Personentransport hinausgeht, möglichst eingespart werden, es erfolgt eine Konzentration auf die Kernaufgabe „Passagiertransport". Durch die realisierten Kosteneinsparungen können die LCC Flugtickets zu geringeren Preisen verkaufen und liegen in der Regel damit unterhalb des Tarifniveaus der Network Carrier (im Folgenden NWC). So schaffen die LCC Anreize für preissensitive Kunden, um kostengünstig von A nach B zu gelangen.

Pompl, Schuckert und Möller definieren LCC wie folgt:

„Liniengesellschaft die durch eine starke Reduzierung ihrer Unternehmensaktivitäten auf die Kernleistung „Passagiertransport“ eine konsequente Kostenreduzierung bei Produkt, Streckenwahl, Produktion, Personal und Vertrieb realisiert und so das Produkt „Flug“ zu besonders wettbewerbsfähigen Preisen anbietet.“[2]

Doch ohne die Deregulierung des Luftraumes wäre es nie zu einem solchen Geschäftsmodell und dem damit verbundenen Wettbewerb gekommen. Der historische Hintergrund der Entwicklung der Passagierflugmärkte trägt somit einen erheblichen Teil zum Verständnis des heutigen Branchenumfelds bei.

2.2 Historie

Das Urteil des EuGH vom 30. April 1986 war sehr bedeutsam für den europäischen Luftverkehr. Durch dieses Urteil wurde die Anwendbarkeit von Wettbewerbsregeln des EG-Vertrages für den innergemeinschaftlichen Luftverkehr bestätigt und damit die Deregulierung des Luftverkehrs entscheidend vorangetrieben. Darauf erfolgte am 14.

---

[2] Pompl, Schuckert & Möller (2003), S. 461

Dezember 1987 die Verabschiedung des ersten Luftverkehrsliberalisierungs-gesetzes. Damit begann ein neues Zeitalter für die Luftfahrt in Europa, denn das Gesetz, welches ab Januar 1988 in Kraft trat, enthielt folgende Veränderung: Die Fluggesellschaften erhielten dadurch mehr Gestaltungsfreiheiten, da sie nun in der Position waren, sowohl ihre Luftverkehrstarife als auch die Aufteilung der Kapazitäten für den Passagierverkehr zu bestimmen.[3]

Die Verabschiedung des zweiten Luftverkehrsliberalisierungsgesetzes 1990 hatte weitere Folgen: Zum einen war es den Airlines nun gestattet ihre Margen bei den Tarifen zu erweitern, zum anderen hatten sie nun die Möglichkeit, die Kapazitäten einer Airline während einer Saison innerhalb bestimmter Grenzen zu erhöhen. 1993 folgte die Verabschiedung des dritten Luftverkehrsliberalisierungsgesetzes. Von nun an wurden alle Beschränkungen hinsichtlich Strecken und Kapazitäten aufgehoben und die Niederlassungsfreiheit für EU-Gesellschaften genehmigt. Dies hatte zur Folge, dass von nun an der europäische Luftraum endgültig dereguliert war und dass ab dem 1.April 1997 volle Kabotage[4] innerhalb der EU möglich war.[5]

Mit Öffnung des Luftraumes stieg der Wettbewerb, da infolge des geschaffenen Anreizes, neue Strecken zu bedienen, neue Fluggesellschaften in den Markt eintraten und - bedingt durch den gestiegenen Wettbewerb - die Flugpreise sanken. Zwischen den Jahren 1992 bis 2005 ist die Zahl der Strecken in der EU um 150% gestiegen.[6]

Vorreiter des Deregulierungsprozess waren die USA unter der Regierung von J. Carter, der Ende 1970 und Anfang 1980 den Deregulierungsprozess des Verkehrswesens verordnete. Durch das politisch günstige Klima in den Siebziger Jahren lockerte das „Civil Aeronautics Board“ (CAB) die Regulierung des Marktzugangs. 1978 wurde der „Airline Deregulation Act“ verabschiedet, der für eine stufenweise Liberalisierung der Vorschriften sorgte und die CAB dadurch an Funktion verlor. Ab 1983 wurden die Festtarife abgeschafft und die freie Preisbildung eingeführt.[7] Die erste Billigfluggesell-

---

[3] Vgl. Aberle (2009), S. 175

[4] Kabotage bezeichnet das Erbringen von Transportdienstleistungen innerhalb eines EU-Staates durch einen ausländischen Frachtführer

[5] Vgl. Maurer (2006), S. 16

[6] Vgl. Kommission der Europäischen Gemeinschaften (2007), S. 2

[7] Vgl. Aberle (2009), S. 195-197

schaft stammt aus den USA und wurde unter dem Namen „Southwest Airlines“ 1971 gegründet[8], sie gehört heute zu der zweitmeist geflogenen Fluglinie.[9]
Das europäische Äquivalent zu Southwest Airlines ist Ryanair. Ryanair hat sich Southwest Airlines zum Vorbild genommen und trat 1985 in den europäischen Markt ein. Nach dem Ausscheiden von Tony Ryan übernahm Michael O´Leary das Amt als CEO von Ryanair und machte die Billigfluglinie zum Vorreiter in der LLC-Branche. Der größte Konkurrent für Ryanair ist heute easyJet, der es seit seinem Markteintritt 1995 geschafft hat, ein ähnliches Streckennetz wie Ryanair aufzubauen.[10]

Ein Markteintritt in den europäischen Markt ist jedoch nicht einfach und ist an viele Bedingungen geknüpft, die das makroökonomische Umfeld prägen. Dieses wird nun im Folgenden mit Hilfe der PEST-Analyse, dargestellt.

---

[8] Vgl. Adjouri & Büttner (2008), S. 204
[9] Vgl. Scherbel (2007)
[10] Vgl. Kalwait (2008), S. 224-225

3 Analyse des makroökonomischen Umfelds mit PEST

3.1 Modellbeschreibung

Ziel dieser Analyse ist es, die externen Faktoren bzw. die makroökonomischen Einflüsse aufzuzeigen, die auf ein - im vorliegenden Fall mehrere - Unternehmen einer Branche einwirken und damit die entsprechenden Marktchancen zu beurteilen. Aufgrund der Komplexität werden diese nach politischen, ökonomischen, sozialen und technologischen Einflussfaktoren untersucht.[11] Rechtliche Aspekte sind in der vorliegenden Arbeit jeweils den übrigen Kategorien zugeordnet. Häufig wird die PEST-Analyse zur Evaluation von Markteintrittschancen eingesetzt.[12] Im Folgenden soll das Instrumentarium dazu dienen, bestimmte, bereits gegebene Rahmenbedingungen des Marktes für LCC zu beleuchten, um im Anschluss daran zu überprüfen, inwiefern die gefundenen Einflüsse den aktuellen Markt der europäischen LCC prägen.

Die Analyse basiert auf der Untersuchung nach folgenden Kriterien:

- Politische Faktoren
- Ökonomische Faktoren
- Sozio-kulturelle Faktoren
- Technologische Faktoren

3.2 Politische Faktoren

Im Folgenden sollen die politischen Einflussfaktoren, die auf die Luftverkehrsbranche wirken, beleuchtet werden. Dazu zählen branchenrelevante v.a. Steuergesetze, die Regulierung des Arbeitsmarktes, politische Stabilität und Souveränität, Eigentum der öffentlichen Hand an potentiellen Wettbewerbern, Beziehungen der Unternehmen zur Politik, Verbraucherschutz, Wettbewerbsaufsicht und Wettbewerbsrecht.

---

[11] Vgl. Pfaff (2004), S. 95-97

[12] Vgl. Johnson, Scholes & Whittington (2011), S. 80

Die Europäische Union ist seit ihrem Bestehen politisch stabil und die Mitgliedstaaten der Europäischen Union souverän. Auf Grund der gegebenen sozio-ökonomischen Sicherheit der Rahmenbedingungen stellt sie damit ein lukratives Umfeld dar.

Für Fluggesellschaften, die innerhalb der EU aktiv sind, gelten sowohl internationale, wie europäische als auch länderspezifische nationale rechtliche Vorschriften. Dazu zählen bspw. internationale Abkommen, die die Luftfahrt in Bezug auf Flugunfälle regeln, Ersatzleistungen, Haftungsfragen im Flugverkehr etc., die von allen am Flugverkehr teilnehmenden Airlines im gleichen Maße berücksichtigt werden müssen.

Auf EU-Ebene gibt es zahlreiche Verordnungen und Richtlinien, die die Sicherheit, Technik, Informationen, das Meldewesen sowie das Flug- und Bodenpersonal betreffen.[13] Auch die Wettbewerbspolitik wird weitestgehend auf EU-Ebene bestimmt. Durch sie werden Airlines im europäischen Luftraum angehalten, für die Passagiere kosteneffizienten und qualitativ hochwertigen Personentransport zu ermöglichen und im Hinblick auf die Rechte der Passagiere die Sicherheit zu verbessern und Überbuchungen einzudämmen.[14] So ist der Schutz der Verbraucher in der EU klar durch das Fluggastrecht geregelt, das bei durch die Fluggesellschaft verschuldeter Verspätung oder Ausfall des Fluges, eine Entschädigung der Passagiere vorsieht.[15]
Für die Ordnung des Wettbewerbs unter den Fluggesellschaften sind dezentrale Kartellbehörden zuständig, das dazugehörende Wettbewerbsrecht ist in einer Verordnung der Europäischen Gemeinschaft geregelt.

Ein wichtiger Wettbewerbsfaktor sind vor allem Gesetze, die einen direkten Einfluss auf die Wirtschaftlichkeit von Airlines haben, wie etwa die Bestimmungen zum Emissionshandel. Bis 2012 muss die Flugindustrie keine Emissionszahlungen leisten, da der Luftverkehr im Kyoto-Protokoll nicht berücksichtigt wurde. [16] Die EU-Kommission schließt dabei auch ausländische Airlines mit ein. Die zukünftig zu erwartende Berücksichtigung der Flugindustrie im Emissionshandel wird zu Kostensteigerungen im

[13] Vgl. Kommission der Europäischen Gemeinschaften (2011b)
[14] Vgl. Europäisches Parlament (2008), S. 1
[15] Vgl. Bundesministerium für Verkehr, Bau und Stadtentwicklung (2011)
[16] Vgl. Ulrich (2011), S. 10

Flugalltag führen und es ist zu vermuten, dass die Passagiere diese Mehrkosten zu tragen haben.[17] Dies gilt im Besonderen für die LCC, da ihre Ticketpreisgestaltung durch diese Neuerung erheblich betroffen sein wird, entweder werden die Flugtickets prozentual um den Emissionsbeitrag pro Passagier teurer werden, oder die LCC muss den zusätzlichen Kostenfaktor tragen - dann allerdings zu Lasten des Deckungsbeitrags.

Abgaben nach Ursache und Höhe regelt in Deutschland das Luftverkehrssteuergesetz (LuftVStG). Aus aktuellem Anlass ist hier die Luftverkehrssteuer zu nennen, die gerade erst in Deutschland verabschiedet wurde. Die Einführung der Luftverkehrssteuer blieb nicht ohne Folgen (Vgl. Abb. 1). Besonders die LCC leiden unter dieser Steuer und ziehen bereits erste Konsequenzen, indem sie von Sekundärflughäfen in grenznahen Bereichen zum kostengünstigen Ausland abwandern, um ihre Dienste in Nachbarländern anzubieten.

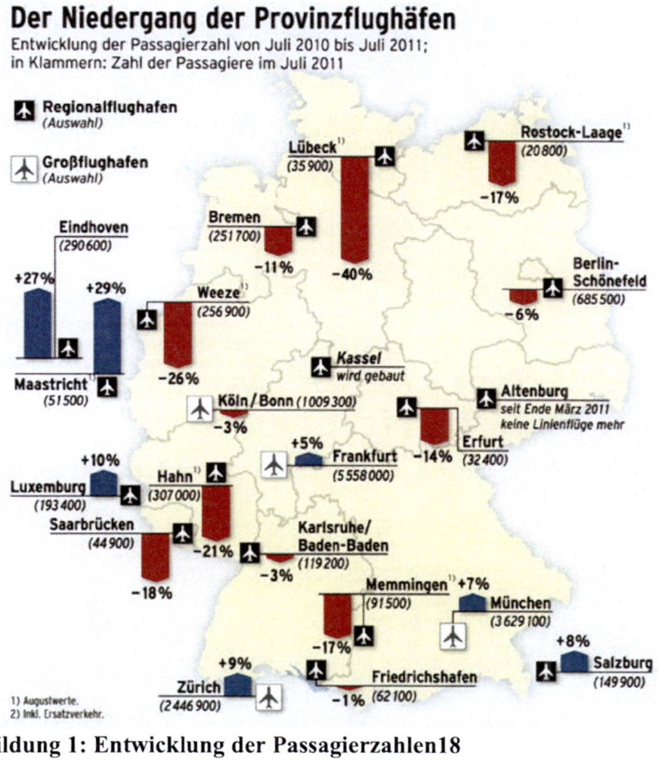

Abbildung 1: Entwicklung der Passagierzahlen18

[17] Vgl. Flottau (2011)
[18] Vgl. Scherff (2011)

Bei Gründung einer Fluggesellschaft bedarf es der Beachtung eines umfangreichen Regelwerkes, welches von einer zuständigen Aufsichtsbehörde kontrolliert wird, in Deutschland z.B. durch das Luftfahrt Bundesamt (LBA). Das für Deutschland gültige Luftverkehrsgesetz regelt beispielsweise die Bestimmungen zum Betrieb von Flugzeugen sowie das Personalwesen, vor allem aber Haftungsfragen. Darüber hinaus beinhaltet es auch Ordnungsvorschriften zur Flugkoordinierung, Flugsicherung und zum Flugwetterdienst.

Da die Flugsicherheit oberste Priorität genießt, wird diese zentral durch Gesetze geregelt und durch Behörden beaufsichtigt. Mit Hilfe einer so genannten „Blacklist" werden Fluggesellschaften sanktioniert, gegen die Betriebsuntersagungen ergangen sind.[19]

Flugdienst- und Ruhezeiten werden in jedem Land Europas individuell geregelt, in Deutschland werden sie durch die Rechtsvorschriften des Luftfahrt Bundesamtes sowie durch entsprechende Tarifverträge festgelegt. Da sich die Fluglinien heute mehrheitlich in privater Hand befinden und es sogenannte Staatsairlines, wie früher Lufthansa, die seit 1997 vollständig in privatisiert[20] ist, kaum noch gibt, gelten in Tarifverträgen die Rahmenbedingungen für die gewerkschaftliche Organisation.

Diese Rechtsvorschriften und Tarifverträge können eine Barriere für den Transport innerhalb Deutschlands bedeuten, wie z.B. bei Ryanair zu beobachten ist, da diese Airline nicht innerhalb Deutschlands fliegt und seit Einführung der Luftverkehrssteuer auf Grund höherer Kosten und daraus resultierend geringerer Auslastung, Strecken streicht und das kostengünstigere Ausland dem Standort Deutschland vorzieht.[21] Zudem regelt jedes Land in Europa seinen Arbeitsmarkt selbst, weshalb z.B. Pensionsgrenzen für fliegendes Personal individuell je nach gesetzlicher Regelung zu beachten sind. Dies zieht Konsequenzen für Beschäftigungsdauer, Ausbildungskosten und Kosten für die Nachwuchsgewinnung nach sich, was ein Grund dafür sein könnte, dass Ryanair seine Angestellten meist in Irland angestellt hat.

---

[19] Vgl. Kommission der europäischen Gemeinschaften (2011a)
[20] Vgl. Klußmann & Malik (2007), S. 402
[21] Vgl. Scherff (2011)

Ein weiterer wichtiger politischer Einflussfaktor ist der ordnungspolitische Wille, der sich etwa in der Gewährung von Subventionen für politisch gewollte Entwicklungen niederschlägt. Wenn Flughäfen innerhalb Europas Hilfe beantragen, unterstützt die EU-Kommission sie z.B. mit Beihilfen für den Infrastrukturausbau. In Deutschland unterstützen der Bund, die Länder und die Kommunen den Flughafenausbau auf Grund von verkehrs- und wirtschaftspolitischen Interessen.

Zusammenfassend lässt sich festhalten, dass Luftverkehrsbetreiber einer Vielzahl von politischen und rechtlichen Regelungen unterworfen sind, die ihre Freiheitsgrade im Rahmen ihres wirtschaftlichen Handelns beschränken bzw. fördern. Nur ein sachkundiger, planmäßiger und sensibler Umgang mit der Vielzahl der Regelungen, Vorschriften und Gesetzen ermöglicht erfolgreiches wirtschaftliches Handeln in derart stark regulierten Märkten. Für Neueinsteiger in den LCC-Markt und etablierte Airlines können daher gute Beziehungen des eigenen Unternehmens zur Politik von Nutzen sein, z.B. um eigene Interessen durch Branchenverbände und durch Lobbyarbeit, jeweils auf nationaler wie auch auf EU-Ebene, durchzusetzen.

3.3 Ökonomische Faktoren

Zu den ökonomischen Einflussfaktoren gehören die Einkommensverteilung, die allgemeine Wirtschaftsentwicklung, das Zinsniveau, Steuern und Abgaben, Subventionen, die Entwicklung von Infrastrukturkosten, die Verfügbarkeit von Ressourcen und die Entwicklung der Wechselkurse, hier insbesondere zum USD, weil sie das Zusammenspiel von Angebot und Nachfrage über die Preise regeln.

Der Wohlstand der Bevölkerung und die damit einhergehende Kaufkraft sind entscheidende Faktoren für das Potenzial an Flugreisenden, besonders dann, wenn es um den „Leisure-Travel“[22] geht. Die momentane wirtschaftliche Entwicklung in Folge des letzten wirtschaftlichen Abschwungs, der in einigen europäischen Ländern bis heute anhält, könnte eine Bedrohung für den LCC-Markt darstellen, da ein Großteil der LCC von den Urlaubsreisenden lebt. In einigen Ländern wie Griechenland, Italien, Portugal,

[22] Engl. Für „Urlaubsreise“

Spanien und Großbritannien, könnten zudem Konjunkturgefahren durch defizitäre Staatshaushalte verschärfend hinzutreten. Für potenzielle Neueinsteiger in den LCC-Markt könnte die aktuelle wirtschaftliche Situation ein relevantes Hindernis für den Eintritt in diesen Markt darstellen.

Ein weiterer ökonomischer Einflussfaktor, der allerdings nicht nur die Luftfahrtindustrie trifft, sind steigende Zinsen, die Investitionen verteuern. Das derzeit noch als niedrig zu bezeichnende Zinsniveau, könnte erwartungsgemäß in den kommenden Jahren ansteigen. Der Zinssatz, der aktuell von der EZB ausgegeben wird, liegt bei 1,5%[23]. Im Vergleich zu 2010 wurde er um 0,5% erhöht, d.h. Investitionen sind bereits leicht teurer geworden.

Die Luftfahrt genießt Steuer- und Abgabenbefreiungen. Zum einen ist das Kerosin steuerbefreit[24] (Ausnahme: Bei Inlandsflügen kann Kerosin besteuert werden, wie z.B. in den Niederlanden und in Norwegen), zum anderen wird bei Flügen, die ausschließlich im Ausland stattfinden, nach §8 Abs.2 UStG weitestgehend keine Umsatzsteuer erhoben. Bei den jeweiligen Inlandsflügen fällt die Umsatzsteuer nur in Italien, Frankreich, Spanien, Portugal und Deutschland an, alle anderen EU Länder beziehen keine Umsatzsteuer bei Inlandsflügen.[25]

Großbritannien hat eine „Air Passenger Duty" eingeführt, um das Fehlen der Kerosin- und Umsatzsteuer zu kompensieren. Je nachdem, ob es sich um ein Ticket der Touristen-, Geschäfts- oder der Ersten Klasse handelt, müssen entweder 5 GBP -oder 10 GBP pro Ticket entrichtet werden[26]. Dies stellt eine mögliche Variante für andere europäische Staaten dar, um das Fehlen von Steuereinnahmen auszugleichen.

Einen erheblichen ökonomischen Einflussfaktor auf Branchen haben Einführungen von Steuern. Zu Beginn des Jahres 2011 wurde in Deutschland die Luftverkehrssteuer eingeführt. Die Steuer bemisst sich in nach Entfernungsstufen gestaffelten Beiträgen[27]

[23] Vgl. Deutsche Bundesbank (2011)
[24] Vgl. Lachmayer (2008), S. 919
[25] Vgl. Ryanair Ltd. (2011)
[26] Vgl. Klinski, Mehling & Meyer-Ohlendorf (2010), S. 12
[27] Vgl. Bundesfinanzministerium (2010), S. 13

von 8 EUR/Strecke innerhalb Europas, 25 EUR/Strecke bei einer Entfernung[28] von 2.500 km – 6.000 km bzw. 45 EUR/Strecke bei Entfernungen über 6.000 km. Da die Steuer innerdeutsch auf dem Hin- und Rückweg entrichtet werden muss und i.d.R. durch die LCC an die Passagiere weiterberechnet wird, erhöht sie die Ticketpreise.

Da die prozentuale Auswirkung auf preiswerte Tickets entsprechend höher ist, als auf hochpreisige Tickets, kann diese relativ hohe Preiserhöhung in preissensitiven Märkten, wie denen der LCC, zu Nachfragerückgang führen. Dieser trifft besonders kleine Flughäfen und LCC innerhalb Deutschlands, da die kleinen Flughäfen hauptsächlich von LCC angeflogen werden. Wie bereits in 3.2 erwähnt, ziehen LCC sogar einen Rückzug aus dem deutschen Markt in Erwägung bzw. haben ihn schon teilweise realisiert.

Die Luftfahrt erhält eine Reihe von Subventionen, z.B. für Forschungsprojekte, deren Ziel es ist, umweltentlastende technische Fortschritte zu generieren (wie z.B. beim Bau des Airbus A-380) oder für Projekte zur Verbesserung und Ausbau der Infrastruktur (z.B. Flughafenerweiterungen oder Umbauten vor allem an Regionalflughäfen und Verkehrsanbindungen zu Flughäfen).[29]

Abzuwarten bleibt, inwieweit die Kosten für Infrastrukturverbesserungen in Zukunft noch durch Subventionen finanziert werden, möglicherweise müssen sie teilweise oder ganz von den Airlines getragen werden.

Die Kosten für die Nutzung der Luftverkehrswege, deren Flugsicherung und für die Verkehrsüberwachung durch Fluglotsen werden in Form von Gebühren beglichen, die in den meisten Fällen in den Endpreis eines Flugtickets miteinkalkuliert werden. Das gleiche gilt auch für die europaweiten Start- und Landegebühren.

Ein weiterer wichtiger ökonomischer Einflussfaktor für den Luftverkehr ist die Verfügbarkeit von Ressourcen, wie z.B. von für den Flugzeugbau nötigen Materialien, deren Preisentwicklung auf Grund ihrer möglicherweise begrenzten Verfügbarkeit steigt, oder

[28] Vgl. ebd., S. 53-54
[29] Vgl. Treber, Kirchmair & Kier (2003), S. 8-13

von Betriebsstoffen, wie Kerosin, das genauso wie die Flugzeuge selbst, in USD gehandelt wird. Der Wechselkurs bestimmt daher in hohem Maße den Einkaufspreis der Flugzeuge und des Kerosins und damit einen Teil der ökonomischen Entwicklung von Airlines.

Ein weiterer Faktor ist die kostspielige Aus- und Fortbildung des Personals, auch wenn die LCC hier einen Vorteil gegenüber den NWA haben, da sie meist nur wenige unterschiedliche Flugzeugtypen besitzen, sodass die Trainingskosten gegenüber einer diversifizierten Flugzeugflotte geringer ausfallen.
Außerordentliche Flugausfälle, wie bspw. 9/11 oder der Vulkanausbruch in Island 2010 beeinflussen das ökonomische Umfeld von Airlines, da es bei solchen Ereignissen zu Umsatzeinbrüchen kommt, die nicht ohne weiteres aufgeholt werden können.

Die Luftverkehrsbranche ist ein kompetitiver und kapitalintensiver Markt, in dem es kaum mehr Neugründungen von NWC oder LCC gibt. Dies lässt Rückschlüsse auf eine hohe Wettbewerbs- und Kapitalintensität zu und spiegelt wider, wie schwierig es ist, in diesem Markt Fuß zu fassen und dort zu verbleiben. Angesichts der Herausforderungen, die durch gesetzliche, insbesondere steuerliche Änderungen bevorstehen, erschwert sich das ökonomische Umfeld der LCC. Zusätzlich wirken sich die aktuelle konjunkturelle und wirtschaftliche Entwicklung wahrscheinlich wenig attraktiv für Neugründungen in der LCC-Branche aus.

3.4 Sozio-kulturelle Faktoren

Zu den sozio-kulturellen Einflussfaktoren gehören Wertewandel, Einkommensverteilung, demographische Entwicklung und Bildung.

Fliegen ist heutzutage für große Teile der Bevölkerung erschwinglich geworden. Doch ist zu beachten, dass unter den Passagieren ein Wertewandel hin zu mehr ökologischem Bewusstsein und Handeln stattgefunden hat. Darauf müssen die Fluglinien reagieren, indem sie mögliche ökologische Verbesserungen umsetzen und selbst weiter vorantreiben.

Ein weiterer wichtiger Punkt für die Luftfahrt und im Besonderen für die LCC ist die Einkommensverteilung innerhalb Europas. Aus der letzten Erhebung des Statistischen Bundesamts Deutschland[30] geht hervor, dass Länder wie Lettland eine Armutsgefährdungsquote von 25,7%, Litauen 20,6%, Rumänien 22,4%, Bulgarien 21,8%, sowie Griechenland 19,7%, Spanien 19,5% und Portugal 17,9 % aufweisen und daher überdurchschnittlich armutsgefährdet sind. Die niedrigsten Armutsgefährdungsquoten offenbarten die Tschechische Republik 8,6%, die Slowakei 11%, die Niederlande 11,1% und Slowenien 11,3 %. Durchschnittlich sind in Europa 16,3% der Bevölkerung eines Landes armutsgefährdet. In Deutschland sind durchschnittlich 15,5% armutsgefährdet. Für die LCC hat das zur Folge, dass in den einkommensschwachen Ländern womöglich weniger Flugtransport nachgefragt wird und dass durch eine schwächere Wirtschaftsentwicklung die Schere zwischen Arm und Reich zunimmt.

Auch die demographische Entwicklung könnte einen Einfluss auf die LCC haben. Deutschland, Polen, Rumänien, Bulgarien und die baltischen Staaten sind laut Abb. 2 als Beispiele für den zu erwartenden Bevölkerungsrückgang in Europa hervorzuheben.

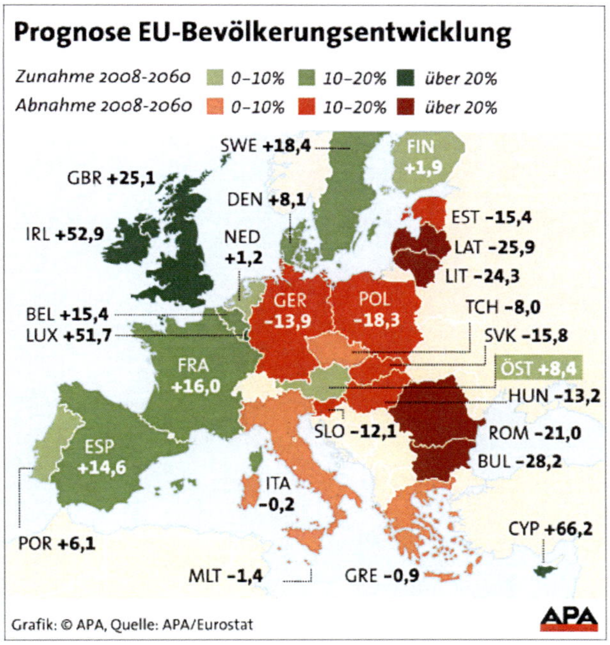

Abbildung 2: Bevölkerungsentwicklung innerhalb Europas[31]

[30] Vgl. Statistisches Bundesamt Deutschland (2011)
[31] Vgl. Der Standard (2008)

Ob diese Entwicklung überhaupt einen Einfluss auf den Luftverkehrsmarkt hat, bleibt abzuwarten, da der internationale Personentransport nach aktuellen Prognosen zunehmen wird und dies so kompensieren könnte.[32]

Gebildete und qualifizierte Arbeitskräfte werden in der Flugindustrie besonders benötigt, da das Anforderungsprofil hoch und die Ausbildung anspruchsvoll und kostspielig ist. Im Luftverkehrsmarkt herrscht aktuell ein akuter Pilotenmangel, dem man durch Einsatz zusätzlicher „Flight Academies“ versucht entgegen zu wirken.[33]
Im Allgemeinen lassen sich Ausbildungsengpässe jedoch nicht kurzfristig beseitigen, was dazu führt, dass die Verhandlungsposition der im Markt befindlichen qualifizierten Kräfte besser wird. Höhere Gehälter für fliegendes Personal stehen jedoch dem Geschäftsmodell der LCC entgegen.

Zusammenfassend bleibt festzuhalten, dass Mobilität in einer globalen Welt ein wichtiges Gut ist und daher der Luftverkehr auch in Zukunft wachsen wird[34], auch wenn sich das sozio-kulturelle Umfeld möglicherweise verändert. Der Einfluss einer ökologischen Bewusstseinsbildung auf das Nachfrageverhalten der Passagiere sollte von den Airlines dabei stets als strategischer Faktor berücksichtigt werden, da ansonsten die Gefahr des Abwanderns der Passagiere zu einem direkten Konkurrenten besteht. Die europäische Bevölkerung wächst weitestgehend bis auf die in Abb. 2 genannten Beispiele. Daher ist auch in Zukunft mit konstanter Nachfrage in der LCC-Branche zu rechnen, sofern sich Einkommensverhältnisse und Wirtschaftskraft nicht dramatisch verschlechtern.

3.5 Technologische Faktoren

Heutzutage hat die technologische Entwicklung großen Einfluss auf Unternehmen. Besonders im Luftverkehr haben die Informations- und Kommunikationstechnologie die Arbeitsabläufe revolutioniert. Durch die technische Revolution sind neue Ge-

[32] Vgl. Airbus (2011)
[33] Vgl. entity 38 AG (2008)
[34] Vgl. Handelsblatt (2011a)

schäftsmodelle entstanden und traditionelle Geschäftsfelder näher zusammengewachsen.

Zu den technologischen Einflussfaktoren, die hier im Besonderen beleuchtet werden, gehören: Technische Innovationen, IT- Entwicklung, Entwicklungen in benachbarten Geschäftsfeldern, Verkehrs- und Überwachungstechnik und Forschung.

Die technische Weiterentwicklung ist gleichzeitig Chance wie auch Risiko für die Flugindustrie. Durch die fortschreitende Entwicklung der Technik wird der Flugalltag optimiert. Angefangen bei personalunabhängigen Check-in-Schaltern, über Verbrauchsoptimierung von Kerosin und alternativen Treibstoffen aus Biomasse, bis hin zu Leichtbauweise durch neue Materialien. Die Automobilindustrie arbeitet seit Jahren an Motoren, die Treibstoffe effizienter verbrauchen und dabei weniger Emissionen an die Umwelt abgeben. Davon profitiert auch die Flugindustrie bzw. Flugzeughersteller wie Boeing oder Airbus.

Einen weiteren großen Einfluss auf die Flugindustrie hat die IT-Entwicklung. Sie erspart den Fluggesellschaften Personalkosten, indem sie bisher personalintensive Prozesse automatisiert. Früher war die Flugindustrie von der Flugbuchung bis zum Boarding deutlich personalintensiver als heute. Der Buchungsvorgang wird online oder über Apps vom Verbraucher durchgeführt, er checkt online oder über kostenpflichtige Hotlines ein, geht durch den Körperscanner, gibt seinen Fingerabdruck ab und liest den Barcode des Tickets mit Hilfe des Handys ein, bevor er dann an Bord geht. Personal wird nur noch benötigt, um Fehler zu identifizieren oder um Hilfestellung zu leisten.

Neben dem passagierbezogenen Einsatz von IT-Technik unterstützen Programme die Datenverarbeitung, die Prozessoptimierung und die Kundenbindungsmaßnahmen und strahlt damit in alle Bereiche des Unternehmens aus. So wird der Ticketbuchungsverlauf mit Hilfe von IT-Programmen gesteuert, um etwa Preissteigerungen mit näher rückendem Erreichen des Abflugdatums abbilden zu können. Preis- und Kapazitätssteuerungen werden mit Hilfe von rechnergestützten Yield-Managementprogrammen[35]

[35] Engl. Für „Ertragsmanagement oder ertragsorientierte Produkt- oder Preispolitik“

berechnet, die die Nachfrage lenken und den Deckungsbeitrag steigern.[36] Auf Grund des Geschäftsmodells ist dies für die LCC besonders wichtig, da Sitzplätze sonst verfallen und keinen Deckungsbeitrag erzeugen können. Die Erzielung hoher Auslastungsgrade ist von eminenter Bedeutung, um die Preisführerschaft halten zu können.

Insgesamt hat die technische Entwicklung die Flugindustrie bereits strukturell deutlich verändert und soweit optimiert, dass die benötigten Mitarbeiterzahlen eher rückläufig sind. Das heißt, dass durch technologischen Fortschritt Kosteneinsparungen im Bereich Personal realisiert werden. Auch in Zukunft ist damit zu rechnen, dass die Weiterentwicklung der Technik Verbesserungen für den Flugalltag bringen und ihn weiter optimieren wird. Abzuwarten bleibt jedoch, inwieweit alternative Treibstoffe das Kerosin ersetzen können.

[36] Vgl. Kirstges (1994), S. 229ff.

3.6 Ergebnis der PEST-Analyse

Die Luftfahrtindustrie ist eine stark regulierte, subventionierte und auf Grund von verbesserter Technologie im permanenten Wandel befindliche Branche. Es gibt zahlreiche Variablen, die den Markt der LCC beeinflussen, vor allem, weil alle Variablen letztlich wirtschaftliche Folgen haben. Die Herausforderung für die aktiven Airlines besteht darin, die Gegebenheiten im Markt anzunehmen und darauf zu reagieren, sei es der Wertewandel innerhalb der europäischen Bevölkerung, die Subventionierung der Luftfahrt, die Einführung neuer Steuern, wie die Luftverkehrssteuer in Deutschland, die Einführung von Emissionszahlungen ab 2012 oder die mögliche Erhebung von Umsatzsteuern auf internationalen Flügen oder die weitere Optimierung des Flugablaufs durch technische Neuerungen.

Das makroökonomische Umfeld hat großen Einfluss auf die Entwicklung der Luftverkehrsbranche und im Besonderen auf die der LCC, da sie auf Grund ihres Geschäftsmodells Veränderungen nicht in der Art kompensieren kann, wie die NWC. Eine Analyse der momentanen und zukünftigen wirtschaftlichen Rahmenbedingungen dient zur Offenlegung von Chancen bzw. Risiken und beeinflusst mit ihren Ergebnissen die Strategien der Airlines.

Darüber hinaus gibt es externe Faktoren, wie z.B. Terroranschläge, Naturkatastrophen oder Wetter- und Klimawandel, die keine Industrie beeinflussen kann und die bei Eintreten gesondert betrachtet werden müssen. Die daraus entstehenden wirtschaftlichen Folgen müssen begutachtet und - wie zuletzt geschehen - ggf. durch staatliche Hand unterstützt werden.

4 Marktanalyse mit Hilfe des Fünf-Kräfte-Modells nach Porter

4.1 Modellbeschreibung

Das Fünf-Kräfte- Modell wurde von Prof. Michael E. Porter entwickelt, um ein Instrumentarium zu schaffen, das die Attraktivität verschiedener Branchen aufdeckt. Das Modell (siehe Abb. 3) zeigt, welche Wettbewerbskräfte auf eine Branche wirken. Ziel der Marktanalyse ist es, die eigenen Strategien anhand der Ergebnisse auszurichten. Inwieweit ein Markteintritt für Newcomer sinnvoll ist, hängt von dem möglichen Gewinnpotenzial ab.[37]

Kernaussage des Modells ist, dass die Attraktivität einer Branche vor allem dann gegeben ist, wenn die Bedrohung durch neue Konkurrenten gering ist, die Verhandlungsstärke der Kunden schwach ist, eine Bedrohung durch Ersatzprodukte oder Ersatzdienste nicht existiert, Lieferanten nur geringe Verhandlungsmacht ausüben können und die Rivalität innerhalb der Branche gering ist.[38] Nach diesen Kriterien wird nun der LCC-Markt analysiert:

Abbildung 3: Das Fünf-Kräfte-Modell nach M. E. Porter[39]

---

[37] Vgl. Johnson, Scholes & Whittington (2011), S. 86
[38] Vgl. Knop (2009), S. 58
[39] Vgl. Porter (2008)

4.2 Bedrohung durch neue Konkurrenten

In lukrativen Branchen muss immer wieder mit neuer Konkurrenz gerechnet werden, denn je attraktiver die Branche ist, desto größer ist die Gefahr, dass neue Unternehmen in den Markt eintreten. Wie groß die Möglichkeit eines Eintritts in den Markt ist, hängt von bestimmten Faktoren ab, die in der Literatur als Markteintrittsbarrieren betitelt werden.

Der Wettbewerbsdruck, der auf die etablierten Unternehmen einer Branche wirkt, ist umso größer, je einfacher es für Newcomer ist, in den Markt einzutreten. Neueinsteiger können durch ihren Eintritt in den Markt das Umfeld verändern, indem sie z.B. den Kundenstamm, das Preisniveau oder Marktanteile verändern bzw. für sich gewinnen. Dadurch werden die etablierten Unternehmen gezwungen, entsprechend zu reagieren und müssen sich auf die neue Situation einstellen und sich ggf. anpassen. Die Bedrohung durch neue Wettbewerber ist besonders dann gegeben, wenn sie es schaffen, branchentypische Markteintrittsbarrieren zu meistern.

Wenn eine Airline in Erwägung zieht, in den europäischen Billigfluglinienmarkt einzutreten, bedarf es bestimmter Voraussetzungen und Anreize. Vor allem muss sie sich mit den möglichen Ertragschancen der Branche befassen. Des Weiteren lohnt ein Eintritt in den Markt nur, wenn strategische Vorteile gegenüber den etablierten Unternehmen erwartet werden, sei es durch Strecken, die noch nicht bedient werden oder durch Länder, die auf Grund ihrer Entwicklung jetzt erst dazu in der Lage sind oder jetzt erst einen Bedarf für Personentransport haben.

Osteuropa ist ein gutes Beispiel für eine solche Region mit Potenzial, wie die später dargelegten empirischen Ergebnisse dieser Arbeit zeigen werden. Es gibt nur wenige Airlines in der vorliegenden Stichprobe, die diesen Teil des europäischen Markts bedienen, was auf mangelnde Kaufkraft oder zu geringe Infrastruktur zurückzuführen sein kann.

Das Produkt selbst ist von seiner Struktur einfach zu kopieren, daher lohnt es, sich ein Bild von den Wachstumszahlen der Branche zu machen, denn besonders in dieser

Branche herrscht ein erbitterter Preiskampf, der schon manch eine Billigfluggesellschaft in Finanzschwierigkeiten gebracht hat.

Besonders in der Luftfahrt sind Erfahrung, Know-how und Unternehmensgröße Stärken, die erst im Laufe der Zeit aufgebaut werden können. Als entscheidende Faktoren für die Nutzung von „economies of scale“[40] sind sie für Newcomer ein schwer zu erreichendes Ziel.

Darüber hinaus ist die Luftfahrt eine sehr kapitalintensive Industrie, da Flugzeuganschaffungen und damit zusammenhängende weitere Infrastrukturinvestitionen einen hohen Finanzbedarf beim Markteinstieg hervorrufen. Gleiches gilt für Ersatz- und Erweiterungsinvestitionen, d.h. die Voraussetzung für einen Newcomer wäre ein kapitalstarker Betreiber bzw. Investor.

Der aktuelle Marktanteil der europäischen LCC verringerte sich von 26% in 2010 auf 24% in 2011 bezogen auf die von LCC bedienten Strecken innerhalb Europas, folglich werden 76% aller Flüge auf diesen Strecken von den NWC durchgeführt. Ein Grund für den Rückgang des Marktanteils der LCC könnte die Einführung bzw. Erhöhung der Luftverkehrssteuer in Deutschland, Irland und Großbritannien sein, da in Folge der Einführung bzw. der Erhöhung viele Strecken gestrichen wurden. Darüber hinaus wird ein kleiner Teil von Regionalfluggesellschaften bedient, die meist in Kooperation mit großen Fluggesellschaften stehen und somit direkte Konkurrenz für die LCC darstellen.[41]

Da der Luftverkehr sehr vom Wirtschaftswachstum abhängig ist (Vgl. Abb. 4), ist es bei der aktuellen wirtschaftlichen Lage schwierig zu beurteilen, ob sich ein Eintritt in den europäischen Markt unter den momentanen Vorzeichen lohnt.

---

[40] Engl. für „Skaleneffekte“

[41] Vgl. Deutsches Zentrum für Luft- und Raumfahrt (2011), S. 7-8

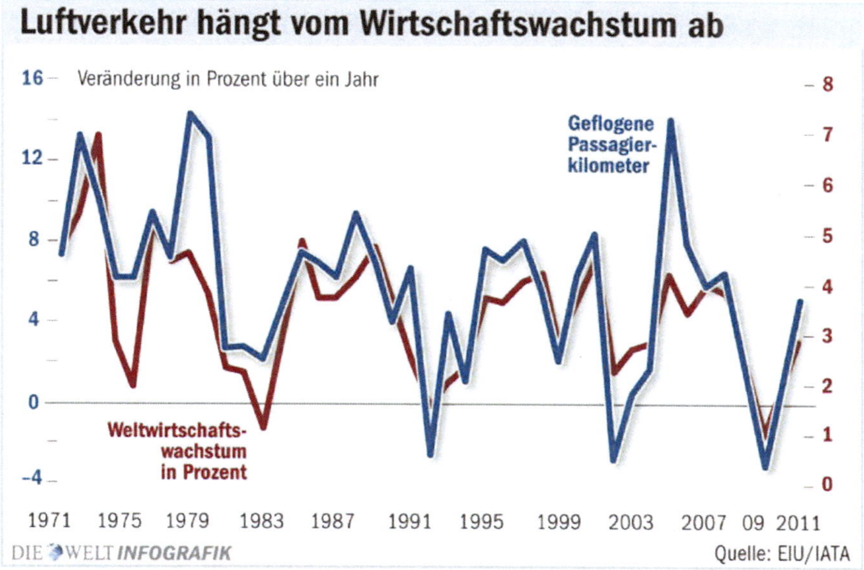

Abbildung 4: Abhängigkeit des Luftverkehrs vom Wirtschaftswachstum[42]

Abschließend bleibt festzuhalten, dass ein Eintritt in den LCC-Markt rein rechtlich und wirtschaftspolitisch zwar eher unproblematisch ist, da der Luftraum - wie erwähnt - dereguliert wurde. Neue Konkurrenz in einem Markt bedeutet jedoch immer Wettkampf um Passagiere und Strecken, d.h. Preiskampf und die Gefahr von sinkenden Deckungsbeiträgen. Daher ist die sorgfältige Kalkulation von potenziellen Umsätzen und Erträgen unter gegebenen Marktbedingungen das entscheidende Kriterium für den Markteintritt. Die europäischen LCC dürften daher allenfalls einen weiteren Nischenanbieter zu befürchten haben.

4.3 Bedrohung durch Ersatzprodukte

Die Bedrohung durch Ersatzprodukte ist besonders dann gegeben, wenn sie kostengünstiger oder leistungsfähiger als vergleichbare Produkte sind. Dann können sie den Unternehmen einer Branche einen wesentlichen Teil des Absatzvolumens abnehmen, sich einen Teil des Absatzpotenzials sichern und die Planungssicherheit der Etablierten gefährden. Die Bedrohung durch Ersatzprodukte ist abhängig von Faktoren wie Markentreue der Kunden, Intensität der Kundenbindung und dem Aufwand der Umstellung auf Ersatzprodukte, der für die Kunden entsteht.

[42] Vgl. Die Welt (2011)

Im Prinzip steht jedes Unternehmen in seiner Branche in Konkurrenz zu potenziellen Substituten. Die Frage, die sich in dem Wettbewerb einer Branche stellt ist, wie hoch der Grad der funktionalen Substituierbarkeit durch konkurrierende Produkte ist. Der Markt des Personentransports bietet unterschiedliche Möglichkeiten des Transports, wie z.B. Bus, Bahn, Auto, Schiff oder Flugzeug. Inwiefern die ersten vier das Produkt Flug substituieren können, hängt von unterschiedlichen Faktoren ab, wie zum Beispiel Zeit, Entfernung, Preis, Komfort und Flexibilität.

Exemplarisch sei die Strecke London – Mallorca angeführt. Diese Strecke, mit ihren geographischen und geologischen Hindernissen (insb. zwei zu überwindende Seestrecken), kann theoretisch auch mit den genannten Substituten erreicht werden, allerdings stellt sich die Frage, wie viel zusätzliche Zeit, Kosten und Strapazen der Verbraucher bereit ist, in Kauf zu nehmen. Die Ersatzprodukte könnten den Vorteil bieten, dass man direkt am gewünschten Reiseziel ankommt, wohingegen die Regionalairports oft weiter von dem gewünschten Endziel der Reise entfernt liegen. Die Kosten für das genannte Beispiel sind wahrscheinlich bei Nutzung von Substituten höher, als die Nutzung eines Billigflugs nach Mallorca. Dies muss nicht immer der Fall sein: die Strecke Frankfurt – Paris etwa ist bequem, schnell und kostengünstig von Zentrum zu Zentrum mit der Bahn zu erreichen.

Welches Transportmittel gewählt wird, hängt zum einen vom Standort und zum anderen von der Entfernung und den möglichen Hindernissen ab. Früher wurde auf Grund der hohen Ticketpreise auch öfter auf Bus und Bahn zurückgegriffen, wohingegen es heute dank der LCC möglich ist, Strecken zeitsparend und günstig mit dem Flugzeug zu überbrücken.

Ersatzprodukte können auch Angebote des Wettbewerbs sein, wie etwa von NWC und anderen LCC, falls sie dieselbe Strecke bedienen. Ist dies der Fall, regelt der Preis die Nachfrage, sofern nicht andere Kriterien, wie etwa Rahmenverträge zwischen Unternehmen und Airlines, entgegenstehen.
Business- und Leisure-Traveller greifen gerne auf die kostengünstigste Variante zurück und genießen die Vorteile des schnellen und unkomplizierten Reisens. Besonders

Strecken, die Seestrecken beinhalten, können so schneller und kostengünstiger zurückgelegt werden.

Auf Kurzstrecken sind Ersatzprodukte üblicherweise eher zu erwarten als auf Strecken mit steigendender Entfernung, da meist mehrere alternative Beförderungsmittel zu Verfügung stehen. Im Besonderen muss der Zeitaufwand genauer betrachtet werden. Innerdeutsche Flugstrecken betragen meist eine Stunde reine Flugzeugzeit, wohingegen der Zeitaufwand des Reisens mit der Deutschen Bahn oft mehr als eine Stunde beträgt. Des Weiteren sind Reisen mit der Deutschen Bahn nicht zwangsläufig kostengünstiger, sondern kosten bei rechtzeitiger Buchung des Flugtickets oft das Gleiche. LCC Kunden sind in hohem Maße preissensitiv und daher ist die Loyalität gegenüber einer bestimmten LCC bei möglichen Alternativen relativ gering.

Die Bedrohung durch Ersatzprodukte ist in Märkten mit starkem Wettbewerb sehr groß, weil sie die Tendenz zu sinkenden Preisen haben. Das Ausweichen auf eine andere LCC ist leicht, da die Flugleistung selbst durch direkte Konkurrenz substituiert werden kann. Durch anhaltenden Preiskampf in der Flugbranche werden alternative Verkehrsmittel als Ersatzprodukte für die Kunden zunehmend uninteressant. Aufgrund des kostengünstigen und schnellen Transports liegen oft klare Vorteile beim Flugverkehr.

Bei der Wahl eines Verkehrsmittels spielen Zeitaufwand, Komfort und Preis die entscheidende Rolle, wobei jedes Individuum eigene Prioritäten setzt. Generell lässt sich allerdings festhalten, dass die Bedrohung durch Substitute im europäischen Luftverkehr eher als gering anzusehen ist, weil LCC mit Schnelligkeit und niedrigen Preisen gleich zwei wichtige Präferenzen bedienen. Eine Gefahr ist jedoch die mögliche Abwanderung zu anderen Airlines infolge eines erheblichen Preiskampfs.

4.4 Verhandlungsmacht der Lieferanten

Die Lieferanten nehmen eine außerordentliche Rolle für die Luftverkehrsbranche ein, da sie die Bezugsquelle für die Erbringung der Unternehmensleistung darstellen. Die Macht der Lieferanten kann als hoch bezeichnet werden, wenn der Markt von wenigen großen Lieferanten dominiert wird, keine oder nur wenige Substitute für den Input existieren, der Abnehmer für den Lieferanten kein wichtiger Kunde ist, oder wenn eine Vorwärtsintegration[43] des Lieferanten möglich ist.

In der Luftfahrt spielen die Lieferantenbeziehungen eine entscheidende Rolle, da i.d.R. keine Fluggesellschaft allein die gesamte Produktions- und Servicewertschöpfungskette vollständig anbieten kann und will. Zu nennen sind hier insbesondere die Flugzeughersteller, die Flughäfen und die Mineralölgesellschaften, da sie die größten Kostenpositionen der Fluggesellschaften neben dem eigenen Personal darstellen.

Für die LCC, die sich auf einen Lieferanten für Fluggeräte beschränken, entstehen bei einem Wechsel hohe „customer switching costs"[44], z.B. auf Grund von Suchkosten, unterschiedlicher Technik, unterschiedlicher Preise oder Infrastruktur sowie Kosten, die ggf. durch den „Stillstand" der Umstellung auf einen neuen Anbieter entstehen.

Allerdings kann ein enges Lieferanten-Abnehmer-Verhältnis auch Chancen bieten, da dadurch für den Lieferanten Planungssicherheit besteht und sich womöglich durch diese „Enge" des Verhältnisses gute Konditionen aushandeln lassen. So gewähren Betreiber von Sekundärflughäfen neben geringen Gebühren gelegentlich Mengenrabatte oder Marketingzuschüsse, um die LCC an sich zu binden, um damit weitere Arbeitsplätze zu schaffen und um möglichst eine hohe Auslastung zu erzielen.[45]

Das Gefahrenpotenzial durch die Abhängigkeit von betriebsnotwendigen Ressourcen, wie z.B. Kerosin, bleibt jedoch bestehen, da die technische Entwicklung noch kein echtes Substitut dafür entwickelt hat. Die Veränderungen des Ölpreises gelten jedoch für alle Unternehmen der Luftfahrt gleichermaßen.
Falls sich andere Konditionen (Lande- und Abfertigungsentgelte, Landerechte, Öffnungszeiten etc.) eines Flughafens ändern sollten, wäre die Airline bei mangelnden Alternativen im Umkreis des Flughafens zunächst gezwungen, dies hinzunehmen.

---

[43] Vorwärtsintegration liegt vor, wenn ein Unternehmer eine oder mehrere nachfolgende Fertigungsstufe(n) übernimmt

[44] Engl. für „Kosten, die bei einem Wechsel des Anbieters entstehen"

[45] Vgl. Conrady & Pompl (1999), S. 565

Allerdings besteht oft eine wechselseitige Abhängigkeit, weil die Sekundärflughäfen ihrerseits auf die Gebührenzahlungen einer LCC angewiesen sind. Dennoch lassen sich Wechsel der Sekundärflughäfen tatsächlich relativ häufig in der Praxis beobachten. So wechselte z.B. Ryanair den Flughafen Altenburg und startet nun im 120 km entfernten Cochstedt südlich von Magdeburg.[46] Zum Teil bleibt es in Verhandlungsphasen zwischen LCC und Flughafenbetreibern jedoch oft bei „Androhungen", Standorte und Strecken zu wechseln.

Insgesamt lässt sich sagen, dass die Bedrohung durch Preissteigerungen seitens der Lieferanten gegeben ist. Falls dadurch Kostensteigerungen eintreten, werden diese - wenn möglich - an die Passagiere weitergegeben oder schmälern ansonsten die Erträge der LCC. Die Macht der Flugzeuglieferanten gegenüber den europäischen LCC ist als groß einzuschätzen, da es nur wenige Firmen gibt, die Flugzeuge herstellen. Darüber hinaus ist die Situation der LCC als Kunde im Vergleich zu den NWC als schlechter einzuschätzen, da sie mit großer Wahrscheinlichkeit auf Grund ihrer Größe weniger Flugzeuge abnehmen als NWC und möglicherweise schlechtere Konditionen erhalten. Des Weiteren sind die Kosten eines Lieferantenwechsels sehr hoch und auf Grund von wenigen Alternativen schwer umsetzbar. Die Macht der Sekundärflughäfen auf die LCC ist als gering einzuschätzen, da sie beide in Abhängigkeit zu einander stehen und die LCC im Falle von Differenzen Ausweichmöglichkeiten finden können.

4.5 Verhandlungsmacht der Abnehmer

„Nachfragemacht ist eine Form der Marktmacht, bei der einzelne oder wenige Abnehmer in der Lage sind, bei den Lieferanten ihre Konditionen durchzusetzen. Abnehmer mit Nachfragemacht verfügen in der Regel über einen hohen Marktanteil, wodurch die Lieferanten sich gegenüber diesem Abnehmer in einem Abhängigkeitsverhältnis befinden. Wettbewerbsrechtlich verboten ist die missbräuchliche Nutzung einer marktbeherrschenden Stellung".[47]

Die Kunden der LCC sind, wie bereits erwähnt, extrem preissensibel und nehmen i.d.R. bereitwillig Umwege in Kauf, um entsprechende Flughäfen zu erreichen. Der Preis für den Flug ist bei ihnen das ausschlaggebende Kriterium. Dank des Internets und die dadurch entstehende hohe Preistransparenz ist das homogene Gut Flug sehr gut ver-

---

[46] Vgl. Höhne (2011)

[47] IBH Retail Consultants GmbH (2011)

gleichbar. Auf Grund dieser Gegebenheiten besteht eine Gefahr in der möglichen Abwanderung von Kunden, wenn ein Wettbewerber günstiger anbietet.

Um nun der Abwärtspreisspirale entgegen zu wirken, haben die im Markt befindlichen LCC Methoden entwickelt, die die Vergleichbarkeit erschweren. So stellen die Flugangebote in der Werbung oftmals nur den Preis für One-way-Flüge dar, ohne die noch zusätzlich entstehenden Kosten auf den ersten Blick erkennbar zu machen, wie z.B. die Gebühr für die Bezahlung mit Kreditkarte, für Gepäck oder Sitzplatzreservierung sowie Bordverpflegung.

Die Position des Abnehmers bzw. des Kunden gegenüber der LCC-Branche ist insofern stark, als durch sie der nötige Deckungsbeitrag generiert wird. Das bedeutet, die LCC müssen Anreize schaffen, dass möglichst viele Passagiere ihre Dienstleistung in Anspruch nehmen. Die LCC befinden sich in einer Drucksituation, weil ihr Produkt verderblich ist. Da die Kunden entscheiden können, ob und welche Airline sie nehmen und wie viel sie bereit sind zu zahlen, entsteht zwischen den LCC ein Preiskampf. Dieser senkt die Preise und damit die Profitabilität innerhalb der Branche.

Darüber hinaus können Kunden auch Ersatzprodukte verwenden oder Flugangebote aus der NWC Branche in Anspruch nehmen. Jeder einzelne Passagier hat allerdings nur eine geringe Nachfragemacht: Erst wenn sich viele Kunden gleich verhalten, entsteht eine Bedrohung für die LCC.

4.6 Rivalität unter bestehenden Unternehmen

Die Rivalität der im Markt befindlichen Unternehmen ist hoch, wenn die Dichte der Marktteilnehmer mit ähnlichem Produkt hoch, das Branchenwachstum langsam und die Marktaustrittsbarrieren hoch sind.[48]

Unternehmen ist es mit Hilfe von Preissenkungen möglich, Kunden von anderen Wettbewerbern am Markt abzuwerben, da diese besonders in der LCC-Branche sehr

[48] Vgl. Hermann & Huber (2009), S. 56

preissensitiv sind und eine geringe Loyalität zu den jeweiligen LCC besitzen, sofern Ausweichmöglichkeiten gegeben sind. Existierende Preiskämpfe in einer Branche spiegeln die Rivalität des Marktes wider. Preiskämpfe vernichten jedoch die Rentabilität einer Branche. Die LCC lassen sich nur auf Preiskämpfe ein, um ihr „verderbliches Produkt", nämlich den „Flug", mit Passagieren zu besetzen und damit einen Deckungsbeitrag zu erzielen. Ohne Passagiere und ohne die nötigen Auslastungskennziffern kommt es nicht zu der Amortisation des Investments.

Daraus folgt, dass rentable Anbieter unter aggressiven Wettbewerbern leiden können, wenn diese mit sinkenden Preisen um ihre Auslastung kämpfen und rentable Wettbewerber wegen der Abwanderungsgefahr von Passagieren zwingen, mitzuziehen.

Ein weiteres Anzeichen für hohe Rivalität im Markt sind sog. Werbeschlachten bzw. Marketingkampagnen, welche auch kostenintensiv sind, jedoch einen geringeren Einfluss auf die Rentabilität haben. Sie dienen dem Zweck, Marktanteile bei gleichbleibenden - oder steigenden - Preisen zu erhöhen.

Besonders beliebt ist bei den LCC der Restplatzverkauf, da dieser den Deckungsbeitrag erhöht und zur Amortisation der Investitionen beiträgt. Um die Auslastung der Fluggeräte zu erhöhen, bietet z.B. Germanwings unter dem Begriff „Blind-Booking" kurzfristig verfügbare Flugplätze zu einem günstigen Festpreis an, wobei das Ziel erst nach der Buchung bekannt gegeben wird.

Ein Beispiel für sehr intensiven Wettbewerb unter LCC ist Großbritannien. Dort gibt es sehr viele ähnliche Anbieter. Hervorgerufen durch die besondere geographische Lage des Inselstaates ist es nur schwer möglich, wie innerhalb Mitteleuropas von A nach B mit Hilfe von Auto oder Bahn zu gelangen.

Konkurrenz kann auch positiv sein, wenn nicht alle Marktteilnehmer das gleiche Segment bedienen. Innerhalb der empirischen Datenerfassung ist auffällig geworden, dass es Unternehmen gibt, die die Möglichkeit des nahen, nicht europäischen Auslands nutzen (hier Afrika), umso einen zusätzlichen Deckungsbeitrag zu generieren. Zu nennen sind hier die Airlines „transavia.com" und „Air Italy" aus der Stichprobe. Darüber hinaus kann Rivalität zur Erschließung neuer Märkte führen, denn üblicherweise untersuchen etablierte Marktteilnehmer das wirtschaftliche Potenzial neuer Strecken. Gegenüber einem Newcomer werden die bereits im Markt befindlichen Carrier aber auf Grund ihrer Marktforschung einen Vorteil haben.

Die Einstellung einer Strecke findet in der Regel statt, wenn damit kein ausreichender Beitrag zur Deckung von variablen und fixen Kosten erwirtschaftet werden kann. Gilt dies für mehrere Strecken einer Fluggesellschaft, ist der Marktaustritt die Folge, auch wenn dies wiederum mit hohen Kosten verbunden ist, da alle bisherigen Investitionen hinfällig werden.

Abschließend bleibt festzuhalten, dass im europäischen LCC-Markt die Wettbewerbsintensität und die Rivalität zwischen den Marktteilnehmern im Vergleich zum gleichen Betrachtungszeitraum 2010 zugenommen haben. So stieg die Anzahl der Flüge im Vergleich zum letzten Jahr um 3,4%.[49] Die Streckenanzahl hat im Vergleich zum letztjährigen Betrachtungszeitraum um 7%[50] [51] zugenommen. 2011[52] werden 20% der Strecken von mindestens zwei LCC bedient, 2010[53] nur 9% der Strecken. So hat sich die Anzahl der Strecken mit direkter Konkurrenz verdoppelt.

4.7 Ergebnis der Marktanalyse

Die Gefahr durch Ersatzprodukte ist streckenabhängig und das Gut Flug hat sich auf Grund seiner Eigenschaft, schnell und günstig zu sein, durchgesetzt, auch wenn Umwege über Sekundärflughäfen, die meist außerhalb größerer Städte mit Primärflughäfen liegen, gemacht werden müssen.

[49] Vgl. Deutsches Zentrum für Luft- und Raumfahrt (2011), S. 7
[50] Vgl. ebd., S. 8
[51] Vgl. Deutsches Zentrum für Luft- und Raumfahrt (2010), S. 7-8
[52] Vgl. Deutsches Zentrum für Luft- und Raumfahrt (2011), S. 8
[53] Vgl. Deutsches Zentrum für Luft- und Raumfahrt (2010), S. 7-8

Die Verhandlungsmacht der Lieferanten trifft NWC und LCC in ähnlichem Umfang, auch wenn die NWC auf Grund von Größenvorteilen teilweise bessere Preise verhandeln.

Ein besonderes Augenmerk liegt auf der Verhandlungsmacht der Abnehmer, da sie durch die gegebenen Preisvergleichsmöglichkeiten via Internet Druck auf die LCC ausüben können. Um dem entgegenzuwirken, haben die LCC „versteckte Gebühren" eingeführt, die auf den ersten Blick und beim Preisvergleich nicht gleich ersichtlich sind, die aber im Ticketbuchungsverlauf als Kosten in Erscheinung treten. Hinzu kommt, dass NWA teilweise ähnliche Angebote wie die LCC machen, um neue Kunden zu werben.

Darüber hinaus herrscht in der LCC-Branche große Rivalität und hohe Wettbewerbsintensität. Die Marktführer Ryanair und easyJet haben wegen ihres Größenvorteils die Möglichkeit, ihr Streckennetz auszuweiten und so mögliche neue Konkurrenz zu verhindern bzw. im Markt befindliche Konkurrenten zu bedrohen.

Die Marktanalyse mittels des Fünf-Kräfte-Modells nach Porter zeigt, dass die Möglichkeit eines Eintritts in den europäischen Markt zwar gegeben ist, die wirtschaftlichen Vorzeichen und die Rivalität allerdings für Neueinsteiger den Einstieg unattraktiv machen.

5 Geschäftsmodell der LCC und Abgrenzung zu NWA unter Einbeziehung empirischer Ergebnisse

5.1 Datenerhebung und Definitionen

Mit Hilfe einer Stichprobe von 25 selbst ausgewählten Low-Cost-Carrier soll das generelle Geschäftsmodell von LCC unterstützend erklärt und von den Network Airlines abgegrenzt werden. Dafür wurden Daten über „angeflogenen Flughafentyp", „angeflogene Länder" und das „Streckennetz" im Mai 2011 recherchiert und ausgewertet. In der Analyse wird, entsprechend Kategorie A der Definition der Europäischen Kommission[54], ein Flughafen als Primärflughafen bezeichnet, wenn er Passagierzahlen von mehr als zehn Millionen Passagiere im Jahr aufweist. Abweichend von dieser Klassifizierung der EU-Kommission werden alle Übrigen nachfolgend als Sekundärflughäfen bezeichnet.

5.2 Gegenüberstellung der Geschäftsmodelle

Im Folgenden werden die beiden Geschäftsmodelle von LCC und NWC miteinander verglichen und in den wesentlichen Merkmalen bzw. Unterschieden abgegrenzt, um im Anschluss mit Hilfe der Stichprobe Rückschlüsse auf die mögliche Strategie der LCC zu ziehen.

Das Hauptaugenmerk aller Low-Cost-Carrier ist es, einen niedrigen Flugpreis als die direkten Konkurrenten anbieten zu können, um preissensitive Kunden für sich zu gewinnen. Dazu dient das Ziel, Kosten zu vermeiden und Einsparungspotenziale in allen Bereichen des Flug- und Verwaltungsbetriebs auszureizen, um über die Preisgestaltung strategische Vorteile zu erreichen (vgl. 2.1 Definition LCC).

Die Linienfluggesellschaften verfolgen im Vergleich zu den LCC eine andere Strategie, nämlich ein differenzierteres und umfassenderes Leistungsangebot mit einem Mehrklassensystem, das in drei Beförderungsklassen unterteilt werden kann.

---

[54] Vgl. Rumersdorfer (2009), S. 30

Das Geschäftsmodell umfasst entlang der Wertschöpfungskette einen umfangreichen Service[55], wodurch höhere Ticketpreise gerechtfertigt werden. Bei der Kundengruppe von NWC handelt es sich vielfach um Businessreisende, die bereit sind, mehr zu bezahlen und die die Eigenschaften des Modells schätzen.

5.2.1 Preisgestaltung und Kostenmanagement

Der Preis umfasst die geforderten Entgelte für das am Markt angebotene Produkt, hier den Personentransport, und entscheidet über Erfolg und Misserfolg. Die Preise werden durch das Unternehmen festgesetzt und orientieren sich an internen (Kostenstruktur, Produktionszeitraum und -kapazität) und externen Einflussfaktoren (Kunden, Wettbewerber und Lieferanten).[56]

Die Fluggesellschaften orientieren sich bei der Festlegung der Ticketpreise, u.a. am Preis-Leistungs-Verhältnis und an den jeweiligen Konditionen (z.B. Zahlungsfristen oder Umbuchungs- und Stornierungsgebühren). Der Preis hat dabei die Aufgabe, alle Kosten zu decken, für eine maximale Auslastung der Kapazitäten an Bord zu sorgen und das Produkt im Marktsegment zu positionieren.[57]

Die Flugpreise sind im Vergleich zwischen LCC und NWC bei den LCC günstiger. Die Preisunterschiede basieren u.a. auf begrenztem Kundenservice der LCC, sowohl vor Flugantritt als auch während des Flugs.

Meist gibt es keine Lounges, keine festen Sitzplätze, keine Klassen und keine Verpflegung („no frills"[58]). Teilweise können Services gegen einen Aufpreis an Bord erworben werden, wodurch zusätzlicher Umsatz generiert wird.

Die Kostenstruktur der LCC ist durch geringe Grenzkosten und hohe Fixkosten gekennzeichnet. Da die Grenzkosten für die Beförderung eines zusätzlichen Passagiers für Treibstoff, personenbezogene Abfertigungs- und Flughafengebühren relativ gering

---

[55] Vgl. Pompl (2007), S. 105
[56] Vgl. Pfaff (2004), S. 225
[57] Vgl. Groß & Schröder (2005), S. 58
[58] Engl. für „ohne Schnickschnack" oder „schnörkellos"

sind[59], ist der Preis das perfekte Marketing Instrument für LCC, denn vom Preis machen die preissensitiven Kunden abhängig, ob sie fliegen oder nicht.[60] Die NWC hingegen bieten Service und Verpflegung und sind daher gezwungen, höhere Ticketpreise zu erheben. Der Aufbau der Kosten ähnelt denen der LCC, jedoch sind bei diesen die Kosten pro verkauftem Sitz weitaus höher, was dazu führt, dass auch der Angebotspreis für die Tickets höher ist, als der der LCC.

Die Low-Cost-Carrier gehen einer dynamischen und flexiblen Preispolitik mit einer Mischung aus Kosten- und Marktorientierung nach, d.h. dass zunächst eine bestimmte Menge an Tickets zu niedrigen Preisen verkauft wird. Wenn dieses Kontingent an Tickets erschöpft ist, steigen die Preise für die restlichen Tickets.[61] Zudem werden häufig Gebühren und Steuern zunächst nicht offengelegt und erhöhen den tatsächlich zu zahlenden Preis erst am Ende einer Buchung.

Die Preispolitik bei den NWC ist der Produktqualität angepasst und innerhalb der Beförderungsklassen unterschiedlich. Neben den Normaltarifen besteht die Möglichkeit, in Abhängigkeit von Aufenthaltsdauer, Buchungszeitraum und Buchungsort,[62] unterschiedliche Sondertarife zu buchen. Bei den LCC gibt es dagegen i.d.R. keine unterschiedlichen Tarifarten mit unterschiedlichen Konditionen für bestimmte Personenkreise (z.B. für Kinder) und weniger unterschiedliche (Sitzklassen) Leistungskategorien.[63]

---

[59] Vgl. Klein & Steinhardt (2008), S. 8-13
[60] Vgl. Pompl (2007), S. 111
[61] Vgl. Groß & Schröder (2005), S. 61
[62] Vgl. Pompl (2007), S. 105
[63] Vgl. Conrady & Sterzenbach (2003), S. 182

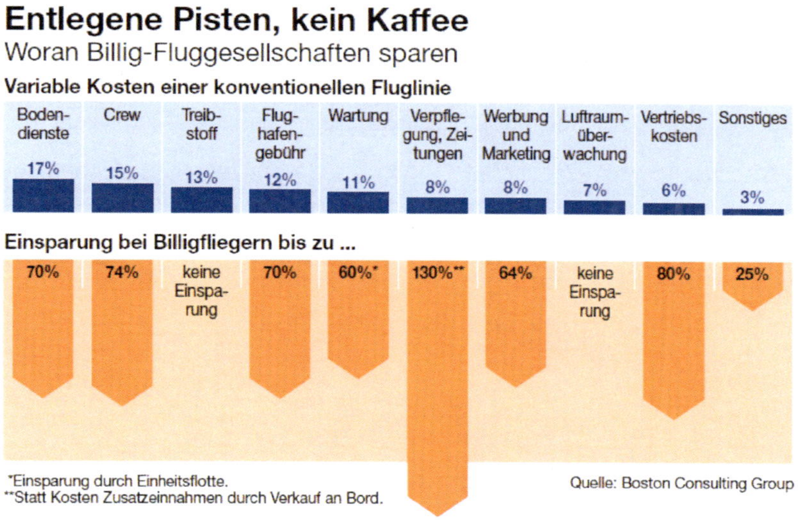

Abbildung 5: Kostenvorteile von Billigfliegern[64]

Wie der Abbildung zu entnehmen ist, können LCC im Vergleich zu den Linienfluggesellschaften keine Einsparungen bei den Kostenpositionen Treibstoff und Luftraumüberwachung erzielen, da diese Kostenpositionen exogen gegeben sind. Die Kostenvorteile der restlichen Positionen nützen die LCC für sich und schöpfen diese Kosteneinsparungspotenziale aus, indem sie technische Dienstleistungen wie Wartung, Reparatur, Instandhaltung sowie Bodendienste und die Abfertigung der Passagiere an Spezialisten ausgliedern. Dies hat den Vorteil, dass die Leistungen kostengünstiger durchgeführt werden und die Entstehung weiterer Fixkosten verhindert wird.

Der Wartungskostenanteil bei etablierten Fluggesellschaften liegt bei rund 11%. Die LCC können sich durch das Outsourcing der Wartungsarbeiten und durch den Vorteil der homogenen Flotte bis zu 60% der Kosten sparen[65].

5.2.2 Vertrieb

Der Vertriebsweg ist als optimal zu bezeichnen, wenn das richtige Angebot zur richtigen Zeit, am richtigen Ort, in der richtigen Menge, in der richtigen Qualität und zu

[64] Vgl. Machatschke (2003), S. 120
[65] Vgl. Groß & Schröder (2005), S. 50

angemessenen Kosten vorliegt.[66] Hinsichtlich des Vertriebsweges kann zwischen zwei Arten unterschieden werden: Zum einen gibt es den direkten Vertriebsweg bzw. Eigenvertrieb und zum anderen den indirekten Vertriebsweg bzw. den Fremdvertrieb. Beim Eigenvertrieb versucht die Fluggesellschaft, ihr Produkt über die eigene Homepage, unternehmenseigene Call-Center, eigene Buchungsautomaten oder eigene Reisebüros an den Kunden zu verkaufen, wohingegen beim Fremdvertrieb sog. Absatzmittler, wie Reiseportale im Internet, Reiseveranstalter, Reisebüros zwischen den Kunden und die Fluggesellschaft geschaltet werden.[67]

NWC vertreiben ihr Produkt sowohl indirekt als auch direkt und versuchen, ihre Kunden darüber hinaus mit Vielflieger- oder Bonusprogrammen an sich zu binden. Geschäftsreisenden soll so ein Wechsel zu einer anderen Fluggesellschaft erschwert werden.[68]

LCC kommunizieren ihre Preise aus Kostengründen überwiegend über den direkten Vertriebsweg. Die Flugtickets werden meist online über die unternehmenseigene Homepage oder über gebührenpflichtige Call-Center verkauft, wodurch Personalkosten, Reisebürokommissionen und Mietkosten vermieden werden können.[69] Ryanair verkauft 99% seiner Tickets direkt über die eigene Homepage.[70]

Seit das Ticketing über elektronische Tickets abgewickelt wird, entstehen deutlich weniger Material- und Versandkosten für die Flugbranche.

5.2.3 Flughäfen

Flughäfen sind die Basis des Flugbetriebs und stellen somit einen wichtigen Bestandteil der Geschäftsmodelle dar. Die LCC fliegen verstärkt Sekundärflughäfen an, denn die meist dezentral gelegenen Flughäfen liefern eine perfekte Infrastruktur für den Punkt-

---

[66] Vgl. Pfaff (2004), S. 181
[67] Vgl. Conrady & Sterzenbach (2003), S. 414-415
[68] Vgl. Pompl (2007), S. 105-106
[69] Vgl. ebd., S. 110
[70] Vgl. Ryanair Ltd. (2010). S. 19

zu-Punkt-Verkehr[71] und sind darüber hinaus kostengünstiger als Primärflughäfen. Dies spiegelt sich auch in den Ergebnissen der Stichprobe wider, nach der 78% der 25 Airlines auf Grund von Kosteneinsparungspotenzialen bevorzugt zu Sekundärflughäfen fliegen[72]. Das Anfliegen dieses Flughafentyps ermöglicht einen schnelleren „Turn around" der Fluggeräte (ca. binnen 25min) und ermöglicht den LCC eine höhere Flugfrequenz auf den Strecken und damit mehr Passagiere schneller von A nach B zu transportieren. Jedoch müssen die Passagiere auf Grund der dezentralen Lage meist Umwege in Kauf nehmen und nach ihrer Flugreise noch Bus oder Bahn in Anspruch nehmen, um an ihren endgültigen Zielort zu gelangen.

Die NWC hingegen fliegen meist Primärflughäfen an, die üblicherweise höhere Landegebühren und auf Grund ihrer Größe längere Turn-around-Zeiten aufweisen. Dagegen ist es an Primärflughäfen jedoch möglich, Anschlussflüge wahrzunehmen. Dies bietet ausgeweitete Transportmöglichkeiten durch höhere Anzahl an Strecken, Verbindungen und Zielflughäfen. Dieses System wird in der Fachliteratur als Hub-and-Spokes-System bezeichnet.

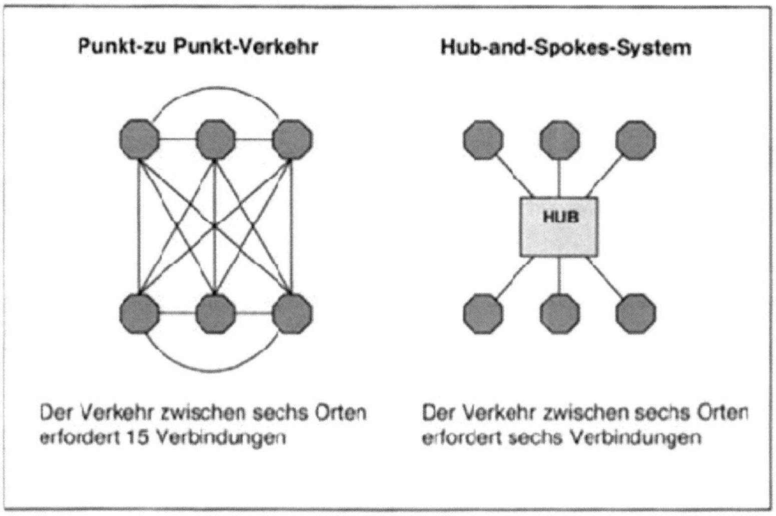

Abbildung 6: Punkt-zu-Punkt-Verkehr im Vergleich zu Hub-and-Spokes-System[73]

[71] Bedeutet, dass zwei Flughäfen ohne Umsteigen direkt miteinander verbunden sind
[72] Vgl. CD Datenerhebung
[73] Vgl. Rasch-Sabathil (2008), S. 3-4

5.2.4 Flugplanung

Der Flugplan einer Airline beschreibt sowohl das bediente Streckennetz, die Bedienungsfrequenz pro Tag/Woche je Strecke sowie die Abflug- und Ankunftszeiten und damit die Flugdauer. Die Flugplanung hat eine wesentliche Bedeutung für den Erfolg einer Fluggesellschaft, da durch die Optimierung des gesamten Flugnetzes die Kapazitäten optimal geplant und genutzt werden können. Der Schwerpunkt der Flugplanung von NWC liegt in der Qualitäts- und Netzorientierung mit möglichen Anschlussflügen und Umsteigeverbindungen, wohingegen die LCC sich auf den Punkt-zu-Punkt-Verkehr konzentrieren.

Die LCC fliegen neben Urlaubszielen vermehrt große Wirtschaftszentren mit mehreren Flughäfen an, die sonst nicht bzw. kaum durch direkte Konkurrenz bedient werden. Darüber hinaus ist der Flugplan im direkten Vergleich zu den NWC weniger umfangreich, da sie meist nur wenige Ziele mit einer hohen Flugfrequenz ansteuern und sie für gewöhnlich am Ende des Flugtages an den Heimatflughafen des Flugzeuges bzw. der Crew zurückfliegen. Die Gründe hierfür sind i.d.R. günstigere Konditionen für das Abstellen der Fluggeräte sowie Vermeidung von zusätzlichen Übernachtungs- und Lohnkosten für das Bordpersonal. [74]

Die durchschnittliche Flugzeit der LCC beträgt unter drei Stunden pro Strecke, da sie hauptsächlich Kurz- und Mittelstrecken bedienen, um eine hohe Frequenz an Flügen pro Tag zu erreichen. Die Betriebskosten pro Sitzkilometer nehmen mit zunehmender Entfernung jedoch ab, wodurch es beim Betrieb von Kurzstrecken zu einem kostenungünstigen Verhältnis von Boden- zu Flugzeit kommt. Diese Nachteile werden jedoch durch schnelles Boarding, Verzicht auf Sitzplatzzuteilung, keinen Frachttransport und Einschränkung der Bordverpflegung weitestgehend kompensiert. [75]

Des Weiteren sind die Planungszeiträume der LCC im Vergleich zu den NWC kürzer, da sie sich in einem schnelllebigen Markt befinden, der oft kurzfristige Entscheidungen in Bezug auf Flugroutenausbau bzw. deren Einstellung erfordert. Bevor es jedoch zu

[74] Vgl. Groß & Schröder (2005), S. 51-52
[75] Vgl. ebd., S. 51-53

einem Ausbau kommt, wird die Nachfrage vorab getestet und bei genügender Auslastung in den Flugplan mit aufgenommen. Durch die Möglichkeit, schnell auf Veränderungen reagieren zu können, besteht die Chance, das Streckennetz auszubauen.[76]

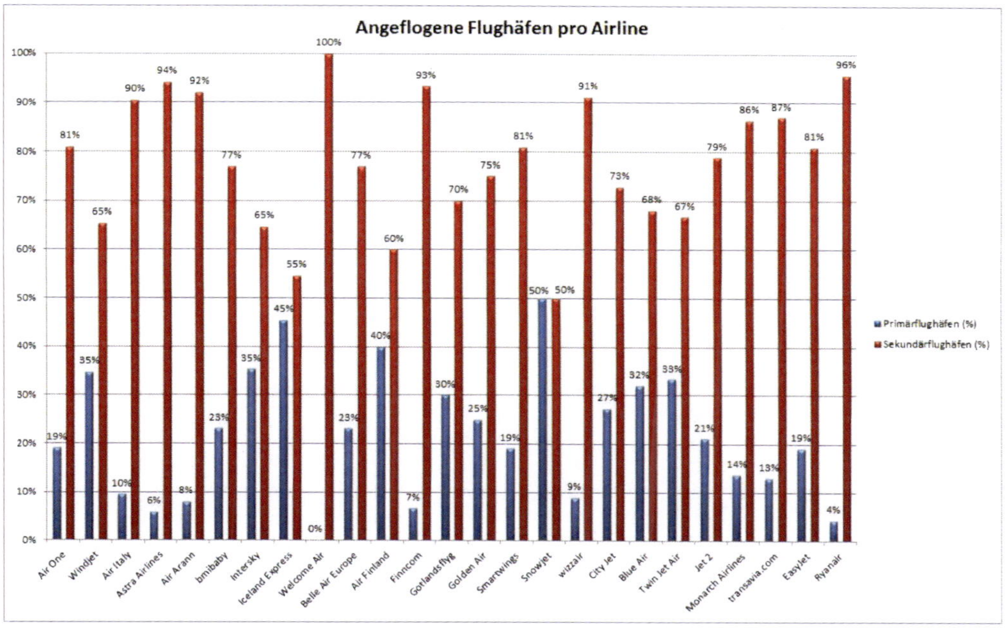

Abbildung 7: Angeflogene Flughäfen pro Airline[77]

Abbildung 7 zeigt, dass auch klassische Low-Cost-Airlines wie etwa Ryanair neben Sekundärflughäfen auch die kostspieligeren Primärflughäfen anfliegen. Unter das klassische Low-Cost-Modell haben sich sog. Hybrid-Airlines gemischt, die die Eigenschaften der beiden Geschäftsmodelle der LCC und der NWC zu einer Mischform vereinen. Klassische Beispiele für Hybrid-Airlines, die sich selbst auch als solche betiteln, sind easyJet oder die hier nicht genauer untersuchte Fluggesellschaft Air Berlin. Hybrid-Airlines versuchen, Kunden mit vergleichsweise günstigen Preisen und Flughäfen in regionaler Nähe zu Wirtschaftszentren für sich zu gewinnen, was sie auch für Geschäftsreisende interessant macht.

Ein Beispiel dafür ist easyJet, die nach der Definition von „MasterCard Worldwide Centers of Commerce Index" zu zehn der Top 25 wichtigsten Wirtschaftszentren z.B.

[76] Vgl. ebd., S. 51-53
[77] Vgl. CD Datenerhebung

London, Paris, Amsterdam, Madrid, Kopenhagen, Zürich, Stockholm, Mailand und Berlin[78] fliegen. Die Hybrid-Airlines bieten außerdem gegen Gebühren Service an, wenn auch nicht im gleichen Ausmaß wie die NWC.[79]

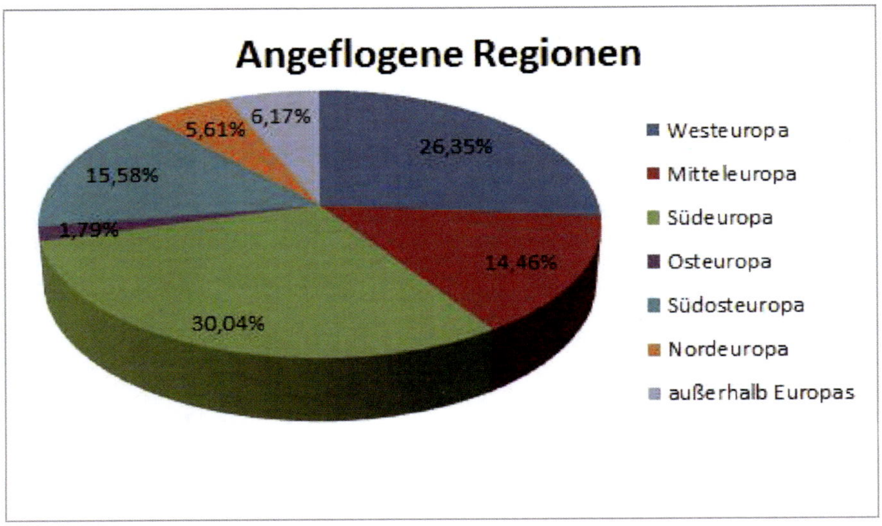

Abbildung 8: Angeflogene Regionen[80]

Bei der Analyse der Daten der Stichprobe ist auffällig geworden, dass besonders Südeuropa und Westeuropa beliebte Ziele sind. Westeuropa ist auf Grund der geographischen Lage u.a. Großbritanniens ein stark frequentiertes Ziel, da Seestraßen schneller und kostengünstiger mit dem Flugzeug zu überwinden sind, als mit anderen Verkehrsmitteln. Südeuropa hingegen ist besonders durch den Ferienflugverkehr (Leisure-Travel) in den Sommermonaten eine gern bereiste Region.

Mögliches Potenzial für Flugplanerweiterungen findet sich noch in Osteuropa. Eine positive wirtschaftliche Entwicklung Osteuropas vorausgesetzt, könnte dort noch ein erhebliches Marktpotenzial ruhen.

---

[78] Vgl. MasterCard Worldwide (2008), S. 1
[79] Vgl. Conrady (2007), S. 46
[80] Vgl. CD Datenerhebung

5.2.5 Flotte

Die Wahl des Fluggerätes ist ein weiterer wichtiger ökonomischer Faktor für Fluggesellschaften, da es sich dabei um kapitalintensive und langfristige Investitionen handelt. Die Beschaffung des Fluggerätes erfolgt durch Kauf oder Leasing neuer oder gebrauchter Flugzeuge, wobei es beim Kauf zu Bindung von großen Kapitalbeträgen kommt. Die Flugzeugflotten der NWC bestehen zumeist aus gekauften Maschinen. Der Kauf von Fluggeräten kommt nur dann in Frage, wenn ausreichend Kapital vorhanden ist, daher leasen die meisten LCC bevorzugt die Fluggeräte.[81]

Die Sitzplatzkapazität der LCC ist höher als bei NWC, da der Abstand der Sitze geringer ist. Bei den LCC beträgt dieser Abstand meist 76 cm im Gegensatz zu den Network Airlines, wo man häufig 81 cm Platz zwischen den Sitzen findet.[82]. In einer Boeing 737-800 finden bei Ryanair 189 Sitze an Bord Platz, bei den NWC sind es nur 162 Sitze.[83] Darüber hinaus ist die Auslastung an Bord eines LCC im Vergleich zu einem NWC weitaus höher, Lufthansa zum Beispiel hat in Europa einen „Passenger load factor“ von 71,4 %[84], Ryanair und easyJet dagegen haben einen „Average load factor“ von mindestens 82 %[85]. Durch die höhere Auslastung der LCC sinken die Kosten pro Kopf und die Rentabilität steigt. Die Kombination aus geringerem Sitzabstand gepaart mit dem höheren „load factor“, ergibt einen Produktivitätsvorteil für die LCC.

5.2.6 Personal

Das Personal einer Fluggesellschaft lässt sich in „fliegendes“ und „stationäres“ Personal unterscheiden. Die Anzahl des fliegenden Personals ist von vielen Faktoren abhängig, z.B. der Größe des Flugzeugs, der Anzahl der Flugzeuge, der Anzahl der Strecken und Einsatzzeiten etc.. Das stationäre Personal besteht aus Bodenabfertigung, Management

[81] Vgl. Groß & Schröder (2005), S. 47
[82] Vgl. Cheapflights-Media (2009)
[83] Vgl. Ryanair Ltd. (2010), S. 36
[84] Vgl. Lufthansa Investor Relation (2010), S. 82
[85] Vgl. European Low Fare Airline Association (2010)

sowie Verwaltung. Für Fluggesellschaften stellen Personalkosten einen großen Kostenfaktor dar.[86]

Aus der folgenden Abbildung geht hervor, dass der Personalkostenanteil im Verhältnis zum Umsatz bei den LCC im Vergleich zu den NWC erheblich geringer ist. Dies steigert die Rentabilität.

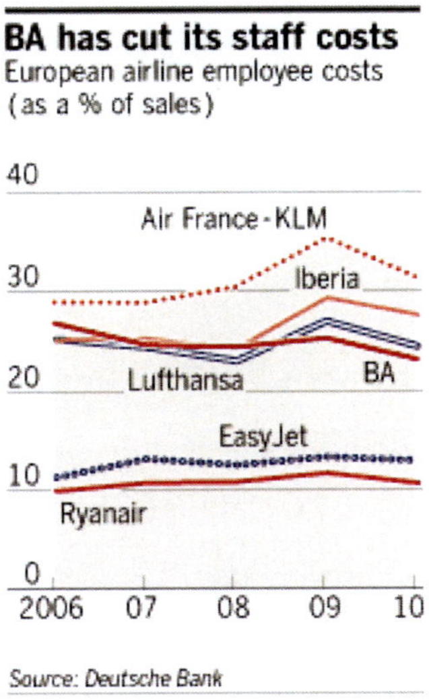

Abbildung 9: Personalkostenvergleich zwischen LCC und NWC[87]

Die folgende Abbildung zeigt die Unterschiede zwischen den NWC und LCC in Bezug auf die Arbeitsbedingungen des Personals.

Differences in working conditions, compared to network carriers

		Range (percent)	Average +/- in %
1	Monthly block hours (air crew)	+10 to +35	+26% (*)
2	Monthly/weekly work hours (ground staff)	+10 to +20	+15%
3	Overtime Limit	-15 to +30	+19%
4	Monthly basic pay	-5 to -50	-21%
5	Hourly premium	-12 to -40	-24%
6	Monthly days off	-5 to -20	-16%
7	Vacation entitlement	-5 to -20	-13%

(*) numerous unions stated that this is achieved, among others, by not having any limits other than the legal national limits set by the civil aviation authority.

Abbildung 10: Unterschiede der Arbeitsbedingungen zwischen LCC und NWC[88]

---

[86] Vgl. Conrady & Sterzenbach (2003), S. 163-164

[87] Vgl. Groom (2011)

Die Arbeitsbedingungen des Personals der LCC sind im Vergleich zu den NWC regelmäßig schlechter, wie Abb. 10 zeigt. So müssen Boden- und Bordpersonal bei geringerer monatlicher Bezahlung durchschnittlich mehr arbeiten.
Zusätzlich kommt es bei LCC zur Überschreitung der tariflich vorgesehenen Arbeitszeiten um durchschnittlich 19%, bei geringer Überstundenbezahlung. Sogar Urlaubs- und Ruhetage sind im direkten Vergleich zu den NWC weniger.

Außerdem vermeiden die LCC wie Ryanair[89] die gewerkschaftliche Organisation des fliegenden Personals und verzichten auf Zahlung von freiwilligen sozialen Leistungen für die Arbeitnehmer. Der Flugbetrieb wird aus Kostengründen nur mit der vorgeschriebenen Minimum Crew für den jeweiligen Flugzeugtyp durchgeführt. Schlussendlich führen die Vergütung nach Leistung und die Reduktion der Reisekosten der Crew durch unterschiedliche Einsatzstellen zu immenser Einsparung von Personalkosten.[90]

Die NWC dagegen betreuen den Fluggast über die gesamte Servicekette. An Bord ist genügend Personal vorhanden, sogar über die sicherheitstechnisch festgelegten Normen hinaus.[91] Die NWC halten sich an gesetzliche und arbeitsvertragliche sowie tarifrechtliche Regeln, z.B. werden sowohl das Boden- als auch das Bordpersonal regelmäßig durch Gewerkschaften vertreten und tarifliche Arbeitszeiten beachtet.

5.2.7 Zusammenfassung der Kostenvorteile

Die folgende Abb. 11 zeigt die kumulierten Kostenvorteile der LCC gegenüber den NWC. Durch die Unterschiede der Geschäftsmodelle ergibt sich insgesamt ein Kostenvorteil von 57%.

Die größten Kostenvorteile erzielen die LCC durch die höhere Sitzplatzdichte an Bord, durch geringere Stationskosten für ihre Fluggeräte an den Sekundärflughäfen, gefolgt von kostengünstigeren Landegebühren an den Flughäfen, direktem Ticketverkauf sowie

[88] Vgl. International Transport Workers Federation (2002), S. 9-11
[89] Vgl. Ryanair Ltd. (2010), S. 62
[90] Vgl. Conrady & Pompl (1999), S. 566
[91] Vgl. Pompl (2007), S. 106

dem Verzicht auf Verpflegung an Bord. Die LCC sind bis zu 12 Stunden pro Tag in der Luft[92], wohingegen NWC wie British Airways nur 7,1 Stunden pro Tag in der Luft sind.[93] Dies wirkt sich allerdings mit nur 3% Kostenvorteil aus.

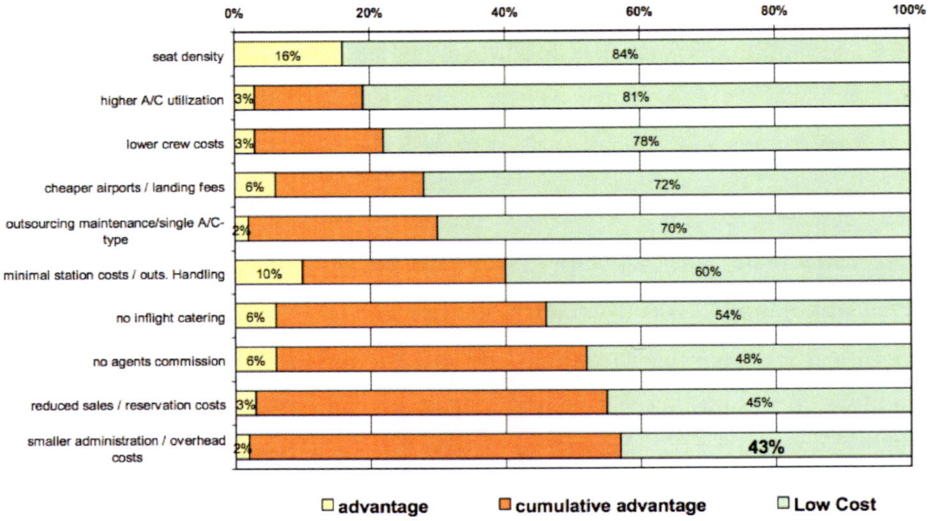

Abbildung 11: Kostenvorteile der LCC gegenüber den NWC[94]

[92] Vgl. Groß & Schröder (2005), S. 54

[93] Vgl. Eder (2007)

[94] Vgl. European Cockpit Association (2006), S. 16

6 Zusammenfassung und Ausblick

> "If the Wright brothers were alive today Wilbur would have to fire Orville to reduce costs".[95]

Die strategische Analyse der europäischen Low-Cost-Carrier hat verdeutlicht, dass die Branche sehr kompetitiv, stark reguliert und von starkem Preiskampf geprägt ist und dadurch eine echte Konkurrenz zu den NWC darstellt. Der Erfolg der LCC basiert auf der konsequenten Kostenreduzierung und die dadurch mögliche Preisführerschaft. Besonders easyJet und Ryanair sind durch ihre konsequente Low-Cost-Strategie als die stärksten Konkurrenten der NWC zu nennen, da sie durch ihr fokussiertes Geschäftsmodell Vorteile gegenüber den NWC haben.
Das makroökonomische Umfeld der Luftverkehrsbranche hat großen Einfluss auf die gesamte Branche. Die politischen, ökonomischen und auch die technischen Faktoren nehmen direkten Einfluss auf die Wirtschaftlichkeit der Luftverkehrsbranche. Kommt es zu Veränderungen der ökonomischen Bedingungen, können die LCC auf Grund ihrer Geschäftsstruktur schlechter reagieren als die NWC.

Die Marktanalyse nach Prof. Michael E. Porter hat gezeigt, dass die Bedrohung durch Ersatzprodukte streckenabhängig ist, dass es Marktpotenzial in Osteuropa gibt unter der Voraussetzung, dass die Infrastruktur und die Kaufkraft sich verbessern, dass die Verhandlungsmacht der Lieferanten LCC und NWC in ähnlichem Umfang trifft, die Verhandlungsmacht der Abnehmer durch den modernen Preisvergleich via Internet leicht möglich ist, dass die Rivalität durch die Marktteilnehmer hoch ist sowie, dass es unter den momentanen Vorzeichen schwierig ist, in den Markt einzutreten. Abhängig von der Entwicklung dieser Faktoren ist generell fraglich, ob die LCC weiterhin niedrigere Flugpreise in Zeiten steigender Kerosinpreise, Emissionsabgaben oder Luftverkehrssteuern anbieten und den Preiskampf finanziell durchhalten können.

Wie versuchen die europäischen LCC in Zukunft ihre Position auszubauen bzw. sie strategisch zu verbessern? Es kann davon ausgegangen werden, dass die LCC bestrebt sind, ihr Geschäftsmodell weiter zu optimieren, indem sie versuchen, mehr Passagiere

[95] Vasigh, Tacker & Fleming (2008), S. 79

pro Flug zu transportieren und damit die Kosten pro Flug auf eine höhere Passagieranzahl zu verteilen. In diese Richtung zielen z.B. aktuelle Überlegungen von Ryanair, auf Kurzstreckenflügen auf Sanitärräume zu verzichten, um zusätzliche Sitzplatzreihen zu schaffen.[96] Darüber hinaus wurde schon einmal in Erwägung gezogen, anstelle von Sitzen, Stehgelegenheiten einzuführen. Hierbei ist jedoch vor allem fraglich, ob die Sicherheitsvorschriften an Bord dies zulassen und ob eine Kundenakzeptanz gegeben wäre.[97]

Eine weitere Möglichkeit der Verbesserung der Marktposition könnte der Ausbau des Streckennetzes bzw. die Erhöhung der Anzahl der Flüge pro Strecke darstellen, um über weitere Marktanteile und Umsatzwachstum zusätzliche Deckungsbeiträge zu generieren. Ryanair plant bereits 300 neue Flugzeuge zwischen 2015 und 2021 zu kaufen, umso mehr Passagiere (Ziel: 70-130 Mio. Passagiere) transportieren zu können. Ebenso ist angedacht, durch Verjüngung der Flotte kerosineffizienter zu fliegen.[98]

In diesem Zusammenhang müssen auch mögliche Reaktionen der NWC auf die Herausforderungen durch LCC verfolgt werden. Werden sie sich in Richtung des LCC Geschäftsmodells bewegen und ebenfalls vermehrt Gebühren für Gepäck verlangen? Lufthansa beispielsweise sucht auf Grund von mangelnden Wachstumsperspektiven und der starken Konkurrenz durch die LCC aktuell nach einer neuen Strategie. Unter anderem wird über eine neue, größere Billigflug-Tochter nachgedacht, um schwarze Zahlen auf Europastrecken zu erzielen und Ryanair und easyJet Paroli zu bieten.[99]

Die Schnittmenge der beiden Geschäftsmodelle scheint größer zu werden, d.h. beide Modelle bewegen sich eher aufeinander zu als voneinander weg, wie auch eine Untersuchung der European Cockpit Association zeigt:

---

[96] Vgl. Handelsblatt (2011b)
[97] Vgl. Graham (2006)
[98] Vgl. Parker (2011)
[99] Vgl. Koenen (2011)

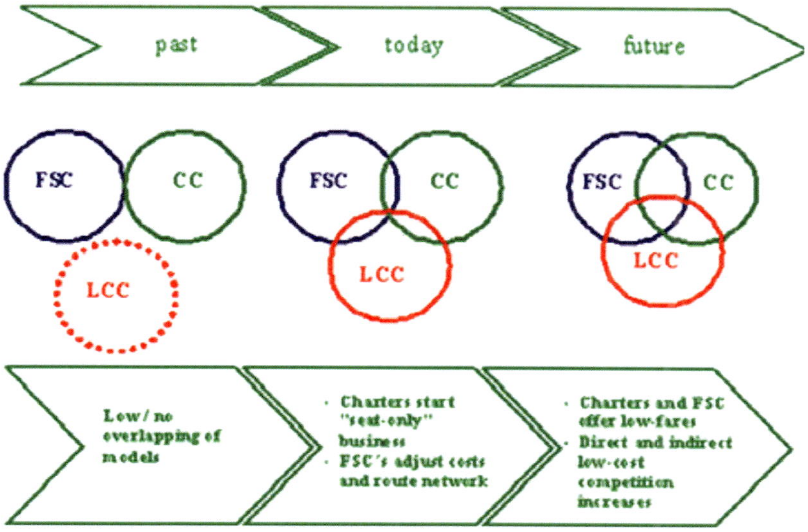

Abbildung 12: Entwicklung der NWC und der LCC[100]

In Zukunft werden LCC und NWC mit ihren Strategien verstärkt um den gleichen Passagier kämpfen. Daher darf davon ausgegangen werden, dass LCC verstärkt versuchen werden, ihr Geschäftsmodell in eine sogenannte Hybrid-Airline zu verändern, um dadurch den Geschäftsreiseverkehr zu verstärken.

[100] Vgl. European Cockpit Association (2006), S. 15

Literaturverzeichnis

Aberle, Gerd (2009): *„Transportwirtschaft - einzelwirtschaftliche und gesamtwirtschaftliche Grundlagen"*, 5.überarb. und erw. Aufl., München, (Oldenbourg).

Adjouri, Nicholas ; Büttner Tobias (2008): *„Marken auf Reisen - Erfolgsstrategien für Marken im Tourismus"*, 1.Aufl., Wiesbaden, (Gabler).

Conrady, Roland (2007): *„Trends and issues in global tourism 2007 - with 40 tables"*, Berlin, (Springer).

Conrady, Roland ; Pompl, Wilhelm (1999): *„Airline-Management - Low Cost als strategische Option"*, in: Internationales Verkehrswesen - Fachzeitschrift für Wissenschaft und Praxis, 12/1999, 51. Jg., S.564-567.

Conrady, Roland ; Sterzenbach, Rüdiger (2003): *„Luftverkehr - betriebswirtschaftliches Lehr- und Handbuch"*, 3.völlig überarb. und erw. Aufl., München, (Oldenbourg).

Groß, Sven ; Schröder, Alexander (2005): *„Low Cost Airlines in Europa - eine marktorientierte Betrachtung von Billigfliegern"*, Dresden, (FIT).

Herrmann, Andreas ; Huber, Frank (2009): *„Produktmanagement - Grundlagen, Methoden, Beispiele"*, 2.vollst. überarb. und erw. Aufl., Wiesbaden, (Gabler).

Hungenberg, Harald (2008): *„Strategisches Management in Unternehmen - Ziele, Prozesse, Verfahren"*, 5.überarb. und erw. Aufl., Wiesbaden, (Gabler).

Johnson, Gerry ; Scholes, Kevan ; Whittington, Richard (2011): *„Strategisches Management - eine Einführung; Analyse, Entscheidung und Umsetzung"*, 9.aktual. Aufl., München, (Pearson Studium).

Kalwait, Rainer (2008): *„Risikomanagement in der Unternehmensführung - Wertgenerierung durch chancen- und kompetenzorientiertes Management"*, 1.Aufl., Weinheim, (WILEY-VCH).

Kirstges, Torsten (1994): *„Management von Tourismusunternehmen - Organisation, Personal- und Finanzwesen"*, München, (Oldenbourg).

Klein, Robert ; Steinhardt, Claudius (2008): *„Revenue-Management - Grundlagen und mathematische Methoden"*, Berlin, (Springer).

Klußmann, Niels ; Malik, Armin (2007): *„Lexikon der Luftfahrt - mit 28 Tabellen"*, 2.aktual. und erw. Aufl., Berlin, (Springer).

Knop, Robert (2009): *„Erfolgsfaktoren strategischer Netzwerke kleiner und mittlerer Unternehmen - ein IT-gestützter Wegweiser zum Kooperationserfolg"*, 1.Aufl., Wiesbaden, (Gabler).

Lachmayer, Konrad (2008): *„Praxiswörterbuch Europarecht"*, in: Springer Praxis & Recht, Wien, S.919.

Machatschke, Michael (2003): *„Preisewert in die Pleite"*, in: Manager Magazin, 05/2003, S.118-125.

Maurer, Peter (2006): *„Luftverkehrsmanagement - Basiswissen"*, 4.überarb. und erw. Aufl., München, (Oldenbourg).

Pfaff, Dietmar (2004): *„Praxishandbuch Marketing - Grundlagen und Instrumente"*, Frankfurt am Main, (Campus).

Pompl, Wilhelm (2007): *„Luftverkehr - eine ökonomische und politische Einführung"*, 5.überarb. Aufl., Berlin, (Springer).

Pompl, Wilhelm; Schuckert, Markus; Möller, Claudia (2003): *„Zur Differenzierung der Geschäftsmodelle im Personenflugverkehr: Die Full Service Network Carrier"* in: Tourismus Journal - Zeitschrift für tourismuswissenschaftliche Forschung und Praxis, 04/2003, S.457-468.

Rasch-Sabathil, Sabine (2008): *„Lehrbuch des Linienflugverkehrs"*, 5.völlig überarb. Aufl., Frankfurt am Main, (Schule für Touristik).

Rumersdorfer, Birgit (2009): *„Billigflieger im Visier - Sonderkonditionen auf Flughäfen im Lichte des europäischen Wettbewerbsrechts"*, 1.Aufl., Wien, (facultas.wuv Univ.-Verl.).

Vasigh, Bijan ; Fleming, Ken ; Tacker, Thomas (2008): *„Introduction to air transport economics - from theory to applications"*, Aldershot, (Ashgate).

Webseiten-Verzeichnis:

Airbus (2011): *„Strong growth in airliner numbers and seating capacity is foreseen by Airbus' 2011-2030 Global Market Forecast"*, http://www.airbus.com/newsevents/news-events-single/detail/strong-growth-in-airliner-numbers-and-seating-capacity-is-foreseen-by-airbus-2011-2030-global-mar/, Stand (21.10.2011)

Bundesfinanzministerium (2010): *„Gesetzentwurf der Bundesregierung für ein Haushaltsbegleitgesetz 2011"*, http://www.bundesfinanzministerium.de/nn_3378/DE/BMF__Startseite/Aktuelles/Aktuelle__Gesetze/Gesetzentwuerfe__Arbeitsfassungen/20100901-HHbegl__anl,templateId=raw,property=publicationFile.pdf, Stand (16.09.2011)

Bundesministerium für Verkehr, Bau und Stadtentwicklung (2011): *„Verbraucherschutz im Luftverkehr"*, http://www.bmvbs.de/SharedDocs/DE/Artikel/LR/verbraucherschutz-im-luftverkehr.html, Stand (14.09.2011)

Cheapflights-Media (2009): *„Beinfreiheit im Flugzeug"*, http://www.cheapflug.de/reisetipps/beinfreiheit-im-flugzeug/, Stand (05.09.2011)

Handelsblatt (2011): *„Airbus prognostiziert starkes Wachstum des Luftverkehrs"*, http://www.handelsblatt.com/unternehmen/industrie/airbus-prognostiziert-starkes-wachstum-des-luftverkehrs/4623396.html, Stand (18.10.2011)

Handelsblatt (2011): *„Ryanair will hintere Toiletten ausbauen"*, http://www.handelsblatt.com/unternehmen/handel-dienstleister/ryanair-will-hintere-toiletten-ausbauen/4753890.html, Stand (21.10.2011)

Deutsche Bundesbank (2011): *„Veröffentlichungen der Europäischen Zentralbank"*, http://www.bundesbank.de/eurosystem/eurosystem_ezb.php, Stand (15.09.2011)

Deutsches Zentrum für Luft- und Raumfahrt (2010): *„Low Cost Monitor 1/2010"*, http://www.dlr.de/Portaldata/1/Resources/portal_news/newsarchiv2010_3/Low_Cost_Monitor_I_2010_final.pdf, Stand (20.09.2011)

Deutsches Zentrum für Luft- und Raumfahrt (2011): *„Low Cost Monitor 1/2011"*, http://www.dlr.de/Portaldata/1/Resources/portal_news/newsarchiv2011_2/Low_Cost_Monitor_I_2011_final.pdf, Stand (18.09.2011)

Der Standard (2008): *„EU-Bevölkerung wächst nur bis 2035"*, http://derstandard.at/1219725046419, Stand (09.12.2011)

Die Welt (2009): *„Krise bei den Airlines sorgt für neue Allianzen"*, http://www.welt.de/wirtschaft/article3103674/Krise-bei-den-Airlines-sorgt-fuer-neue-Allianzen.html, Stand (17.09.2010)

Eder, Alex, Aerosecure (2007): *„Warum sind Billigflieger so billig?"*, http://www.aerosecure.de/studie/2625-warum-sind-billigflieger-so-billig.php, Stand (16.09.2011)

Europäisches Parlament (2008): *„Luftverkehr: Wettbewerb und Passagierrechte"*, http://www.europarl.europa.eu/ftu/pdf/de//FTU_4.6.6.pdf, Stand (14.09.2011)

European Cockpit Association (2006): *„Upheavel in the European Skies"*, http://www.itfglobal.org/files/extranet/-1/DEU/4181/ECA%20Low%20Cost%20Report.pdf, Stand (02.11.2011)

European Low Fare Airline Association (2010): *„Members' statistics December 2010"*, http://www.elfaa.com/Statistics_December2010.pdf, Stand (05.09.2011)

Flottau, Jens, Süddeutsche.de (2011): *„Gegen den Rest der Welt"*, http://www.sueddeutsche.de/wirtschaft/fluglinien-und-emissionsrechte-gegen-den-rest-der-welt-1.1156672, Stand (12.10.2011)

Groom, Brain, Financial Times Ltd. (2011): *„BA on the up after dispute deal"*, http://www.ft.com/intl/cms/s/0/93bb1320-7cce-11e0-994d-00144feabdc0.html#axzz1d2045xHk, Stand (08.11.2011)

Höhne, Steffen, Mitteldeutsche Zeitung GmbH (2011): *„Ryanair wechselt Flughafen"*, http://www.mz-web.de/servlet/ContentServer?pagename=ksta/page&atype=ksArtikel&aid=1294380251490, Stand (14.10.2011)

IBH Retail Consultants GmbH, Handelswissen (2011): *„Nachfragemacht"*, http://www.handelswissen.de/data/handelslexikon/buchstabe_n/Nachfragemacht.php, Stand (21.10.2011)

International Transport Workers Federation (2002): *„ITF Survey: The Industrial Landscape of Low Cost Carriers"*, http://www.itfglobal.org/files/extranet/-1/DEU/220/lowcost.pdf, Stand (15.09.2011)

Kier, Gerold ; Kirchmair, Andrea ; Treber, Manfred, Germanwatch (2003): *„Die Subventionierung des Flugverkehrs"*, http://www.germanwatch.org/rio/bpflug03.pdf, Stand (15.09.2011)

Klinski, Stefan ; Mehling, Michael ; Meyer-Ohlendorf, Nils, Ecologic Institute (2010): *„Rechtliche Ausgestaltung einer Ticketabgabe auf den Flugverkehr (Air Ticket Tax)“*, http://ecologic.eu/download/projekte/1850-1899/1886/strategiepapier_ticketabgabe.pdf, Stand (15.09.2011)

Koenen, Jens, Handelsblatt (2011): *„Die Lufthansa sucht eine neue Strategie“*, http://www.handelsblatt.com/unternehmen/handel-dienstleister/die-lufthansa-sucht-eine-neue-strategie/4559500.html, Stand (03.11.2011)

Kommission der europäischen Gemeinschaften (2007): *„Ein Aktionsplan für Kapazität, Effizienz und Sicherheit von Flughäfen in Europa“*, http://ec.europa.eu/transport/air_portal/airports/doc/2007_capacity_de.pdf, Stand (14.09.2011)

Kommission der europäischen Gemeinschaften (2011): *„Flugsicherheit - Liste der Luftfahrtunternehmen, gegen die in der EU eine Betriebsuntersagung ergangen ist“*, http://ec.europa.eu/transport/air-ban/list_de.htm, Stand (15.09.2011)

Kommission der europäischen Gemeinschaften (2011): *„Luftverkehr“*, http://europa.eu/legislation_summaries/transport/air_transport/index_de.htm, Stand (16.09.2011)

Lufthansa Investor Relations (2010): *„Lufthansa Annual Report 2010“*, http://reports.lufthansa.com/2010/ar/servicepages/downloads/files/merge_passenger_airline_dlh_ar10.pdf, Stand (05.09.2011)

MasterCard Worldwide (2008): *„Fünf deutsche Städte unter den 75 weltweit wichtigsten Wirtschaftszentren“*, http://www.mastercard.com/de/personal/de/uebermastercard/presse/PM_2008/080609_PM-MasterCard-Fuenf_deutsche_Staedte_unter_den_75_weltweit_wichtigsten_Wirtschaftszentren.pdf, Stand (24.11.2011)

entity 38 AG (2008): *„CAE kauft Sabena Flight Academy, um globalen Pilotenmangel entgegen zu treten“*, http://www.entity38.de/aerobrief/index.php?article_id=3898&issue=10478, Stand (16.09.2011)

Parker, Andrew, Financial Times Ltd. (2011): *„Ryanair eyes fresh phase of growth“*, http://www.ft.com/intl/cms/s/0/179ed94a-fb2f-11e0-8756-00144feab49a.html#axzz1cf8eCw8S, Stand (03.11.2011)

Porter, E. Michael, Harvard Business Review (2008): *„The Five Competitive Forces That Shape Strategy"*, http://hbr.org/2008/01/the-five-competitive-forces-that-shape-strategy/ar/1, Stand (4.10.2011)

Roberts, Graham, New York Times (2006): *„For airlines, a delicate balance between economics and comfort"*, http://www.nytimes.com/imagepages/2006/04/25/business/20060425_SEATS_GRAPHIC.html, (Stand 14.10.2011)

Ryanair Ltd. (2011): *„Artikel 4 - Flugpreise, Steuern; Gebühren und Abgaben"*, http://www.ryanair.com/de/geschaeftsbedingungen#article4, Stand (15.09.2011)

Ryanair Ltd. (2010): *„Annual report pursuant to section 13 or 15(d) of the securities exchange act of 1934, For the Fiscal Year Ended: March 31, 2010"*, http://www.ryanair.com/doc/investor/2010/20F_2010.pdf, Stand (10.11.2011)

Scherbel, Christian, Aerosecure (2007): *„Top 10 - Die größten Airlines der Welt"*, http://www.aerosecure.de/studie/2667-top-10-die-groessten-airlines-der-welt.php, Stand (25.09.2011)

Scherff, Dirk, Frankfurter Allgemeine Zeitung GmbH (2011): *„Den Billigflughäfen gehen die Passagiere aus"*, http://www.faz.net/aktuell/wirtschaft/unternehmen/luftverkehr-den-billigflughaefen-gehen-die-passagiere-aus-11143488.html, Stand (28.09.2011)

Statistisches Bundesamt Deutschland (2011): *„Armutsgefährdung und Einkommensungleichheit 2008: Deutschland im EU-Vergleich"*, http://www.destatis.de/jetspeed/portal/cms/Sites/destatis/Internet/DE/Presse/pm/2011/01/PD11__031__634,templateId=renderPrint.psml, Stand (16.09.2011)

Stockmann, Ulrich (2006): *„Europäische Verkehrspolitik"*, http://www.ulrich-stockmann.de/upload/emissionshandel_im_luftverkehr.pdf, Stand (14.09.2011)

Verzeichnis der Datenerhebung:

Air Arann (2011), http://www.aerarann.com, Stand (10.09.2011)

Air Finland (2011), http://www.airfinland.fi, Stand (10.09.2011)

Air Italy (2011), http://www.airitaly.it, Stand (10.09.2011)

Air One (2011), http://flyairone.com, Stand (10.09.2011)

Astra Airlines (2011), http://www.astra-airlines.gr, Stand (10.09.2011)

Belle Air Europe (2011), http://www.belleaireurope.eu, Stand (10.09.2011)

Blue Air (2011), http://www.blueairweb.com, Stand (10.09.2011)

bmibaby (2011), http://www.bmibaby.com, Stand (10.09.2011)

City Jet (2011), http://www.cityjet.com, Stand (10.09.2011)

easyJet (2011), http://www.easyjet.com, Stand (10.09.2011)

Finncom (2011), http://www.fc.fi, Stand (10.09.2011)

Golden Air (2011), http://www.goldenair.se, Stand (10.09.2011)

Gotlandsflyg (2011), http://www.gotlandsflyg.se, Stand (10.09.2011)

Iceland Express (2011), http://www.icelandexpress.de, Stand (10.09.2011)

Intersky (2011), http://www.intersky.biz, Stand (10.09.2011)

Jet 2 (2011), http://www.jet2.com, Stand (10.09.2011)

Kommission der europäischen Gemeinschaften - Ihr Schlüssel zur europäischen Statistik (2011): *„Datenbank - Luftverkehr"*, http://epp.eurostat.ec.europa.eu/portal/page/portal/transport/data/database, Stand (10.09.2011)

Monarch Airlines (2011), http://www.monarch.co.uk, Stand (10.09.2011)

Ryanair (2011), http://www.ryanair.com, Stand (10.09.2011)

Smartwings (2011), http://www.smartwings.com, Stand (10.09.2011)

Snowjet (2011), http://www.snowjet.co.uk, Stand (10.09.2011)

transavia.com (2011), http://www.transavia.com, Stand (10.09.2011)

Twin Jet Air (2011), http://www.twinjet.fr, Stand (10.09.2011)

Welcome Air (2011), https://www.welcomeair.com, Stand (10.09.2011)

Windjet (2011), http://www.volawindjet.it, Stand (10.09.2011)

wizzair (2011), http://wizzair.com, Stand (10.09.2011)